3 心

哲学はじめの一歩

JN252656

立正大学
文学部哲学科
〈編〉

春風社

3 心

3

心

皆さんは「心」という言葉を聞くとどのようなことを思い浮かべるだろうか。夏目漱石の『こころ』を思い浮かべる方もいるかもしれない。人の心はわからないものだ、という感想を抱く方もいるかもしれない。いずれにしても、心という言葉はあまりに身近であるために、そもそも心とは何かと考え始めると、かえって漠然としてしまい、なかなかはっきり焦点を合わせることができないと感じられるのではないだろうか。

辞書を引くと、「人間の精神作用のもとになるもの、また、その作用」（広辞苑）といった記述が見られるが、結局、「心」という言葉を「精神」という言葉に置き換えているだけのようにも思える。ここで人間の精神作用として意味されているのは、何かを知るという知的働きだったり、何かを感じたり意欲したりという感情や意志の働きだったりする。つまり、人間が人間として生きている限りつねに実現している働きを示している。人間が人間であるために必要不可欠なもの、人間の本性を形作るものということになる。したがって、心をテーマとする「心の哲学（philosophy of mind）」と呼ばれる分野では、人間が生きていくうえで関係するほとんどすべてが取り上げられることになる。

では、人間は心さえ持っていれば、それだけで人間といってよいのだろうか。はたして心だけからなるもの、そんなものがあるとして、それは人間といえるのだろうか。

たとえばわたしはわたしの心を身近に感じているが、それを見たことも触ったこともない。他方で、人間としてのわたしは、身長Xセンチであり体重Yキロであり、見たり触ったりすることができる。つまり、人間であるためには、心のほかに身体をもっていなければならないはずである。ところが、一方の心は見ることも触ることもできないが、他方の身体は見ることや触ることができる。こんなに違った性質をもつものが、どのようにしてひとつになっているのだろうか。

こうしてわたしたちは、「心とは何か」という漠然とした疑問を追いかけながら、哲学における古くからの中心問題、心と体はどのように関係しているのかという「心身問題」の入り口に立つことになる。

本巻では、ここであげた広い意味での「心の哲学」に関わる問題がさまざまな角度から取り上げられる。

第1章では、「心はどこにあるのか」という問いを導きにして、現代の脳科学で前提されている「心は脳にある」という見方が検討される。

第2章では、心の担い手と見なされる自己や「わたし」をめぐる問題が論じられる。心はつねにわたしの心やあなたの心であり、誰のものでもない心というものは考えられない。ところがまさにこの心の担い手であるわたしを捕まえようとすると、たちまち謎にぶつかることになる。本当のわたし、あるいは「ありのままのわたし」とはどのようなわたしなのだろうか。

第3章では、善悪の判断という、心の働きのなかでもわたしたちが他者と生きていく上でいやでも向き合わねばならない困難な問題が取り上げられる。わたしはあなたのために良かれと思って行ったはずなのに、それがあなたにとっては耐えがたく思われるようなことがどうして起こるのだろうか。

第4章では、わたしたちが生きていく上で最も重要だと思われる「愛する」という心の働きがテーマとなる。誰もが人を愛し人から愛されることによって生きる意味を見出しているが、他方で、成就しない愛を求めて辛い思いをする。古代ギリシャではプラトンが、他者を恋焦がれる心の働きのなかに、知を探求するモデルを見出し、「知を愛する（＝哲学する）」ことの重要さを強調した。

みなさんがそれぞれの文章をじっくり味わいながら自らの「心の哲学」を育んでくださることを願っている。

（村田純一）

1

心はどこにあるのか

村田純一

はじめに

「心はどこにあるのか」と聞かれたら、皆さんはどのように答えるだろうか。

注意深い人なら、日本語の心という言葉はかなり多義的に用いられているので、まずはどのような意味で心という言葉を使っているのかをはっきりさせてほしいと答えるかもしれない。

「心ここにあらず」という表現のように、いかにも心は場所を占めるもののように使われることもあれば、「春の心はのどけからまし」という古今集の歌にあるように、春という季節に心があるといっているのか、それとも春の人の心のことなのか、はっきりしない使い方もある。「歌心」や「絵心」という言葉もある。

しかしここではあまり語義を詮索せずに、心という言葉が使われる典型的な場合をもとにこの言葉を理解しておきたい。すなわち、どの辞書にも最初に書かれているように、人間に備わる知・情・意に関わる働きあるいは状態と理解しておきたい。要するに、何かについて考えたり、感じたり、何かをしようと意欲したりという「働き」あるいは「状態」を意味することにする。もっとも、心をもつ者を人間だけに限るのはおかしいと思われるかもしれない。大部分の人は、たとえばペットの猫や犬に心がないとは思っていないだろう。しかしこの点も詮索せずに、典型的な場合として人間の心、たとえば、あなたの心やわたしの心を例として考えておく。

以上を前提として、以下では、「心はどこにあるのか」という問いに対する典型的な答えと思われるものをいくつか検討することを通して、「心の哲学」の分野で議論されているテーマに触れてみよう。

カテゴリー・ミステイク

哲学、とくに「心の哲学」と呼ばれる分野に関心をもっている方なら、「カテゴリー・ミステイク（category mistake）」という言葉を一度は聞いたことがあるのではないだろうか。イギリスの哲学者G・ライルが『心の概念』という心の哲学に関する古典のなかで、デカルト*1以来の心身二元論*2を批判するために用いた概念である。

ある外国人がオックスフォード大学のキャンパスを訪れさまざまな施設を見せてもらった後で、以下のような質問をした。「しかし大学は一体どこにあるのですか」。この質問のどこがおかしいのだろうか。この外国人は、大学というものを、教室や研究室そして図書館などのような建築物と同じように存在し、それらとは別にどこかにあるものと理解し、右のような質問をしている。この外国人は、大学はたんなる建物ではなく、建物や人々を含んで成り立つ組織であること、つまり、個々の建物とは違ったカテゴリーに属するものであることを理解できていない。このことに基づいて、ライルはこの種の誤りをカテゴリー・ミステイクと呼んだ*3。

ライルの見方を利用すると、「心はどこにあるのか」という質問は、まるで、心が机や身体など、さまざまな物と同じように空間内に一定の場所を占めるものであるかのように見なしている点で、明らかなカテゴリー・ミステイクを犯して

のなかでは心と体は切り離しえない仕方で実現していることを強調した。
*3　G・ライル、『心の概念』坂本百大・宮下治子・服部裕幸訳、みすず書房、1987 年、12 頁以下を参照。

いるように見える。あなたが何かの理由で悲しい思いをしているときに、あなたの悲しみの幅は何メートルか、とか、重さは何グラムかと聞くことはナンセンスであるように、あなたの悲しみはどこにあるのかと聞くのはナンセンスである。ところがこのような問いがナンセンスであることを見逃したために、物とは別に存在する「心」あるいは「霊魂」など何らかの存在者をでっちあげることになったのがいわゆる心身二元論だ、というわけだ。

このようなライル流の考え方に従うなら、「心はどこにあるのか」という質問をまともに受け取って答えを探し始める必要はないことになる。それどころか探し求めようとすることが、心と呼ばれる特異な存在者を捏造《ねつぞう》することになるのだから、むしろそのような問いを批判することが哲学の重要な仕事ということになる。

それではこれで話は終わるのだろうか。ライルの例を少し考え直してみよう。大学という組織をその構成要素である建築物と同じように考えることはできない。しかしだからといって大学に関してそれはどこにあるかを問うことが全くできないわけではないだろう。

＊1　ルネ・デカルト（1596-1650）は近代哲学の創始者。「われ思う、ゆえにわれあり」を第一原理として全学問を根拠づけようとしたことで知られる。デカルトは、世界は、形、大きさ、運動によって特徴付けられる物質的要素と、内省的意識によって見出される精神的要素からなると考えた。

＊2　心身二元論　心と体の関係を問題にする「心身問題」に対するひとつの解答。この見方によると、心と体は精神と物質という独立した存在のあり方をするものであり、両者が相互作用することによって人間のさまざまな経験が成り立つと考えられる。それに対してライルは、人間の経験

たとえば、R大学は品川区の大崎にあるということはごく普通に意味あることとしていわれている。これは、大学のキャンパスあるいは本部の建物が大崎にあるということをいっていると考えればおかしなことではない。それでは、組織としての大学は、たとえば、抽象的存在者である数の5がいかなる空間的位置も占めないように、どこにも空間的位置をもたない存在者なのか、といえばそうではないだろう。R大学は、月の上にあるわけではないし、また、アメリカにあるわけでもない。もちろん通信制の大学や放送大学を考えるなら、その場所を特定するのは簡単ではない。学生が学んでいる場所は日本全国あるいは世界全体にまで広がり分散しているかもしれない。その意味で場所はかなり漠然と曖昧にしか特定できないかもしれない。しかしそれでも、少なくとも今のところは、そうした大学でも月の上にまでは広がっていないと考えられるだろう。

同じように、あなたの悲しみはたしかに机のようなものとは違ったカテゴリーに属する存在かもしれないが、しかし、それはやはり月の上にあるとかアメリカにあるわけではないだろう。明確に特定はできないが、あなたの身体が位置を占めているあたりにあるということはできるだろう。それどころかあなたは「悲しみで胸がいっぱいになった」とか「悲しみで涙にくれた」といった表現を使うように、悲しみのような心の状態は身体と密接に結びついていると考える方が自然だろう。つまり、心は体のある場所にあると考える方が自然だということになる。

こうして考えてみると、たしかに「心はどこにあるのか」という問いはカテゴリー・ミステイクのようではあるが、全くのナンセンスとも言い切れない。そこで、この問いをナンセンスとして答えの可能性を最初から排除してしまうのではなく、もう少しその可能性を探ってみよう。

心と脳

現代の脳科学者の多くは、「心はどこにあるのか」という問いに対して、「心は脳にある」と答えている。あるいは、そもそもこのような問いを問うまでもなくその答えは自明であるかのように見なしている。

たとえば、たまたまわたしの手元にある一般読者向けに書かれた脳科学に関する本のなかでは、その一番最初に「われわれは脳のどこで感じ、どこで思い、どこで行動を計画するのか」という問いが載っている。つまり、心の働きは脳においてなされることは自明な前提であり、問題は脳のなかのどこで個々の働きが実現しているのかなのだというわけだ。また、この本のある章の標題は「脳はどのように認知を行うのだろうか」である。ここでは、心の働きの場所が脳であるだけではなく、心の働きとは脳の働きにほかならない、ということさえ自明視されている。この前提に基づいて、どのように脳は認知のような心の働きを実現しているのか、それが脳科学の研究課題だといっている*4。

なぜ心の場所は脳であることが自明視されるのだろうか。いくつかの理由が考えられる。

わたしたちの日常生活では、たとえば、あの人は肉親が亡くなって悲しみに沈んでいるとか、おなかが減ったので食堂へ行って食事をした、といった具合に、なんらかの外的な出来事（肉親の死）が起きるとその影響を受けて心が変化する（悲しむ）とか、心の状態が変化する（おなかが減る）と身体の変化が起きる（食事をする）、という連関が成立していることを当然のことと見なしている。つまり、外的な出来事から心へ、また逆に心から外的な出来事へという因果連関が成立していることを自明視している。あるいは、悲しみのような感情や、空腹感のような欲求などをもつということはどういうことかを理解するとは、このような因果連関を理解することにほかならないともいえる。

　ここで、この因果連関をより詳しく描くことを試みたらどうなるだろうか。脳科学では以下のように描かれるだろう。悲しみの場合、外部の出来事（肉親の死）がさまざまな仕方で身体の感覚器官へ刺激を与え、その刺激が身体内のさまざまな経路を通って脳へ至り、脳の活動（たとえば、前頭葉と辺縁系とのあいだでできる神経ネットワークの興奮状態）が起こる。あるいは、空腹の場合、さまざまな刺激を受けたり身体状態が変化したりすることによって脳活動（脳の皮質下にある視床下部の外側部が刺激されること）が生じると、それに基づいて脳のさまざまな部位が活動して身体への運動を指令する刺激が発せられ、身体が動き出す（食事をする）。このような刺激から身体、そして身体内部での刺激の流れ、脳活動、脳活動から身体への刺激の流れ、といった脳科学で描かれた因果連関の上に、最初に挙げた悲しみと欲求に関する因果連関を重ね合わせるとどうなるだろうか。ちょうど心

＊4　理化学研究所・脳科学総合研究センター編『脳科学研究の最前線』上、講談社、2007 年参照。

の位置は身体内の脳にあると考えるのがごく自然に思われてくるだろう＊5。

以上のような大枠に関わる理解の仕方に加えて、脳科学では、脳状態にさまざまな変化、とりわけ損傷が生じた場合の事例が多数知られるようになり、脳のさまざまな部位に変化が起きると心の状態にどのような変化が生じるかが詳しく知られるようになった。また、動物実験の成果や最近の脳科学に飛躍をもたらしたさまざまな非侵襲性のイメージング技術（たとえば、fMRI）による成果が積み重ねられている。これらの研究の成果により、心は脳に位置を占めるという見方はもはや疑いの入る余地のない強固なパラダイム＊6として確立しているように見える。

しかしながら脳科学のなかで受け入れられているということは、ただちにわたしたちの日常生活で受け入れられていることを意味しているわけではない。

たとえば、わたしが友人のとても悲しそうな様子を目にして、どうしてそんなに悲しそうにしているのかと質問したところ、友人は肉親が亡くなったことを話してくれたとしよう。そのときわたしが「なるほど、きみはいま、前頭葉と辺縁系の間で作られる神経ネットワークが興奮状態にあるのだね」といって、「脳科学者のところに相談にいってどのように興奮状態を鎮めたらいいかを聞いてみるといいんじゃないか」といったとしたらどうだろう。

友人はわたしのことを何ということをいうヤツだという眼で見て「ほっといてくれ」と返事をするのではないだろうか。わたしは友情に大きな傷が生じるのを覚悟しなければならないだろう。

ここでわたしが発言した内容は間違ってはいないし、またナンセンスともいえない。したがって、わたしの発言は場違いではあれ、カテゴリー・ミステイクというわけではない。しかしそれにもかかわらず、この場違いで不適切な発言は、カテゴリー・ミステイクといいたくなるような不適切さを示している。わたしの反応は、悲しみに関する理解にとって最も重要で本質的なことを外しているからである。何が問題なのだろうか。

＊5　ここで悲しみや空腹感に対応する脳活動としてあげた記述は大変おおざっぱなものである。詳しくは脳科学の専門的な教科書を参照してほしい。

＊6　科学史家のトーマス・クーン (1922-1996) が『科学革命の構造』で用いた概念。科学者の研究活動は、理論や実験方法など多くの要因を前提として受けいれることによって可能となっている。そうした研究の前提となる枠組みがパラダイムと呼ばれる。現在では、より広く、ものの見方の基本前提といった意味で用いられることもある。

心と相互理解

1　相互理解の場

わたしたちは悲しみの感情を抱くということに関してある程度典型的な理解の仕方をもっている。たとえば、肉親の死を経験するとその人は悲しくなり、悲しそうな表情を示したり、泣いたりする。わたしたちがそのようにして悲しみのうちにある友人を相手にして会話をしている場合には、友人の置かれた状態に対して共感を抱き、「大変だったね」とか「気を落とさないでね」といった言葉をかけて慰めようとするだろう。こうした仕方でお互いにさまざまな表情を伴って振舞い、会話することが、悲しみを抱くということを理解していることを示している。

もちろん、悲しみを抱いた場合、表情に一切表わさず、また誰にも知らせないこともありうるだろう。しかし、その場合であっても、その時に抱かれた感情が「悲しみ」という言葉で表現できる感情であると理解されている限り、右でみたような悲しみに関係する典型的な表情や身振りのなかや、会話のなかに位置を占めるものであることが理解されていなければならないはずである。そうでなければ、その感情が、何の感情かに関して何もいえないことになってしまうだろう（もちろんここで述べたことはごく概略的にみた日本での理解の仕方であり、すべての文化圏のなかで同じであると主張しているわけではない）。

そうだとすると、悲しみのような感情を抱くということについての理解は、お互いに共感し合ったり、言葉を交わし合ったりしているこの世界のなかに位置を占めている、といえるだろう。

こうした観点からあらためて先に挙げた例を振り返ってみよう。その例でわたしは友人の悲しみについて語るときに、脳状態について語ったのだった。つまり、共感や相互理解が問題となっているところで、悲しみのような心の状態をもたらしているメカニズムについて、その因果連鎖に関してより詳しい仕方で述べている。

たしかに心のメカニズムを理解しなければならない場合もある。たとえば、心に関わる病気になったり、障害をもった場合には、心の働きをもたらすメカニズムのなかで重要不可欠な役割を演じている脳状態への言及が必要だろう。実際、もし友人が、最近しばしば頭痛がして困る、というようなことを訴えている場合では、わたしが脳のメカニズムについて触れながら脳科学者ないし神経内科へ行くことを勧めることに問題はない。つまり、心の状態が問題になる場面では、メカニズムが問題なのか、あるいは、共感が問題なのか、によって相手に対する態度の取り方が根本的に違ってくるはずなのに、先のわたしの反応では、そのことが理解されていないことが問題なのである。

心は脳にあるのか、それとも相互理解の場にあるのか、という違いは、心に対する二つの異なった態度の取り方の違いに対応している。この二つの態度の取り方は、必ずしもはっきり分けられるわけではない。しかし、その区別は心のあり方を考える場合には決定的な重要性をもっている。そして多くの場合には、つまり、正常な場合には、心を理解することとは、共感を含めた相互理解の場にあると見なされており、そのメカニズムの理解にあるわけではないと見なされている。少なくとも共感を含めた相互理解のあり方をメカニズムの理解に還元できるわけではないと見なされている*7。

このように考えてくると、同じく悲しみが問題になっている場合でも、見方によってずいぶん違った理解がなされることになることに注意しなければならないことに気づかされる。この点を心一般にまで敷衍《ふえん》していうなら、「心はどこにあるのか」という問いに対して一義的に答えを出すことはできないということになるだろう。心は、それに対する態度の取り方によってさまざまな側面を示す多元的な存在と見なすべきなのである。場合に応じて、心の場所は脳であるということもあれば、相互理解の場であるということも可能なのである。

どちらがより本質的であるかといえば、それは後者だということになるだろう。なぜなら、脳科学が発展するずっと以前から、わたしたち人間は悲しみを感じ、その感情を悲しみとして理解してきたのだから。

2　わたしの心とあなたの心

これまでの議論から誤解が生じないようにするためにひとつの論点を付け加えておきたい。

*7　心に対してメカニズムとして見る態度と相互理解のパートナーとして見る態度との違いは、さまざまな哲学者による区別と同じではないがほぼ重なっている。因果的な説明と目的論的な理解との区別（フォン・ウリクト）や、技術的関心と了解関心の区別（ハーバーマス）、そして、物理的態度、設計的態度、志向的態度という三分法（ダニエル・デネット）などの区別がよく知られている。

心は相互理解の場にある、といえるからといって、相互理解しているもの同士で心の状態が全く同じであるかといえば、もちろんそんなことはない。わたしがいくら友人の悲しみに共感できたとしても、わたしが共感に基づいて感じた悲しみは友人が感じている悲しみと同じになるわけではない。自分自身の肉親をなくした悲しみを感じているときと肉親を亡くした友人の悲しみに共感して悲しみを感じているときでは、程度も質も違う悲しみの感じ方をもつだろう。

それだけではない。たとえわたしと友人が共通の知り合いを亡くし悲しみの共感状態にあったとしても、わたしが悲しんでいるのはわたしの悲しみであり、友人の悲しみではないし、その逆も成り立つ。たとえ同じ対象によって傷つけられたとしても、わたしの感じている傷の痛みは友人の感じている傷の痛みと同じでありえないのと事情は変わらない。

しかし、このような理由から、お互いに悲しみや痛みに関しては本当の理解は不可能だ、ということが導かれるわけではない。ちょうど、同じ建物をわたしと友人が見ている場合に、その建物を見ている視点が異なっている以上、まったく同じ仕方で建物を見ているわけではないのと同様である。同じ建物を見る場合でも、視点が違う以上、見ている二人は全く同じ経験をすることはできないが、それによって二人は全く別の物を見ているわけではないのと同様に、友人の悲しみの場合にも、二人は全く同じ経験をすることはできないが、それによって全く別の経験をしているわけでもない。

話がこんがらがるといけないので少し整理しておこう。

同じ建物をわたしと友人が一緒に見ている場合と、友人の悲しみについて共感状態にある場合とで、類似した経験の構造が見て取れると述べた。同じ建物を見ながらそれを見る経験の仕方が違うといえるのと同様に、同じ友人の悲しみについてわたしと友人では感じ方が違うという点では、類似した構造が見られるからである。

しかしもちろん、ここから、建物のような物体と悲しみのような心の状態が同じ存在のあり方をしているということがいえるわけではない。建物は、わたしと友人がともに見たり触ったりできるが、友人の悲しみは、わたしも友人もどちらも見たり触ったりできるものではない。また、友人の悲しみについては、わたしと友人とで「悲しみ」という言葉を用いて一定の仕方で理解しあえているが、友人の場合には、それが自分自身の体験である点でわたしとは違う「近さ」（一人称特権という場合がある）をもつのに対して、わたしにはあくまで共感の対象であり、いわば二人称の仕方でしか近づきえないという特徴をもっている。したがって、建物の場合と悲しみの場合について、経験の仕方に関して全く同じ構造が成り立っているわけではない。しかし繰り返すが、この違いがあるからといって、わたしと友人で、友人の悲しみについて全く異なった経験をしているとまでいう必要はないというのがここでのポイントである。

肉親が亡くなった友人の悲しみをめぐる相互理解の場では、わたしの悲しみは友人の悲しそうな様子を見てそれに対する反応として成立したものであり、また、わたしの反応を見て、友人の悲しみの方もいくらかは変化する。こうした相互の応答の繰り返しのなかで、共感やお互いの理解が進行していくかぎり、わたしの悲しみと友人の悲しみはすでに相互の影響を受けて成立しているはずである。心は相互理解の場所にあるということには、心の状態は同時に相互的に形成されるのだという意味も含まれているのである*8。

心とスケール

皆さんは点描法で有名な印象画家の絵を見たことがあるだろうか。点描法で描かれたキャンバスを近寄って見るとさまざまな色彩の点が並んでいるだけにしか見えないが、適当な距離をとってみるとキャンバスには描かれた対象、たとえば人の姿が明確に現れる。このように物事を理解する時には対象との距離が大きな意味をもつことがある。

この点を、わたしの手元にある『パワーズ　オブ　テン――宇宙・人間・素粒子をめぐる大きさの旅』と題された本を参考にして説明してみたい[*9]。この本では、地上にあるものを、一〇のスケールで大きくしたり小さくしたりすると、見え方がどのように変わるかを写真を用いて示している。

最初の出発点はピクニックをしている人の姿である。この人の姿を地上一メートルから見たときに現れる見慣れた姿からはじめて、一〇メートル、一〇〇メー

＊8　ここで取り上げた問題は、心の哲学の分野では、心の重要な特質である「意識」に関係する問題として盛んに議論されている。

＊9　フィリップおよびフィリス・モリソン、チャールズおよびレイ・イームズ事務所　共編著『パワーズ　オブ　テン――宇宙・人間・素粒子をめぐる大きさの旅』村上陽一郎・公子訳、日経サイエンス社、1983年参照。

トル、一キロメートルと十倍ずつスケールを増大させながら上空へと離れていくとどのように見えるかをそれぞれ見せている。ちょうど高層ビルの上から、飛行機の窓から、地球を回る宇宙ステイションから、という具合にだんだん視点の高度をあげると地表の姿が違って見えるのと似たように人や地上の姿の見え方が変わっていく。十万キロメートルになると、アポロ宇宙船で月へ行ったときに宇宙飛行士が見たような姿の地球が見える。さらに離れていくと地球の姿は他の星と見分けがつかなくなり、十億キロメートルや百億キロメートルになると、太陽を中心とする太陽系が見えてくる。さらに離れて約十万光年にまで至ると、銀河宇宙が見えてくる。そのなかに太陽系と地球が含まれているはずだがもはや全く見分けがつかない。そしてさらに離れると、多くの銀河宇宙が星のように見えてきてほとんどが暗黒になってしまう。

以上はスケールを一〇倍ごとに大きくして地上から離れていく場合であるが、逆に小さくして近づいていくとやはり次第にわたしたちの見たこともない姿が現れてくる。最初は一〇分の一メートル（一〇センチ）から見た手の表面の様子である。眼を近づければ見ることができる姿である。次には〇・一センチ（一ミリ）からの姿になるともはや不規則な形をした茶色の表面が見えるだけである。さらにスケールを小さくすると手の表面を通り抜けて内部の微細な構成要素が眼に入ってくる。一〇ミクロンになると、血管内部の赤血球が球状の姿をして現れ、〇・一ミクロン（一〇〇〇オングストローム）になると細胞核におさまったDNAのらせんの束が見え、一〇〇オングストロームではDNAのらせん構造が見えてくる。さらに一〇分の一ずつ小さくしていくと、〇・一ピコメートル（一〇〇フェルミ）で炭素原子の原子核が見え始める。さらに小さくして原子を構成する陽子内部にまで入り込んでいくとクオークが動いているさまが見えるのかもしれないが、ここまで来るとはっきりしなくなる。

このような試みを通して、わたしたちがそのなかで生きている地上の世界が見慣れた姿を現わすのは、せいぜい地上数メートルまでのスケールのなかでのみであり、このスケールを外れて、極大のスケールの世界や極小のスケールの世界に至ると全く見慣れない世界が現れてくることに気付かされる。

したがって、このようなスケールの違った多数の世界のあり方を前にして、「心はどこにあるのか」という問いを発するとすれば、答えとなるのは、極大の宇宙空間が広がる世界ではないし、極小の原子核の内部の世界でもありえないだろう。心は、わたしたちが生きている地上数メートルの範囲のスケールでとらえられた世界のなかでのみ現れるということになるだろう。このスケールのなかでのみわたしたちは生きることができ、そのスケールのなかでのみ相互理解の場は可能となっており、そこでのみ心は場所を占めうるからである。心が位置を占めうるのは、それにふさわしいスケールで存在する世界、つまりわたしたち人間が生きることのできる世界のなかでのみなのである。

おわりに

心はどこにあるのか。心は人間同士の相互理解が成立する世界のなかに存在する。そしてその世界は心の存在にふさわしいスケールのなかで存在する世界である。これがここまでの議論から導かれる結論である。

が、話はここでは終わらない。

わたしたちはこれまで人間がごく自然に生きることのできるスケールの世界のなかで心を理解してきており、心とはそのようなスケールのなかに現れるものとして理解されてきた。ところが現代では、科学技術の発達によってそうした世界のなかに、まったく桁《けた》の違うスケールではじめて現れるような世界のあり方がもちこまれるようになってきた。

実際、現代の科学技術の発達は、人間の生活空間を宇宙にまで広げようとしているし、ナノテクノロジーの発達によって、極微の世界のスケールでさまざまな人工物を構成してわたしたちの生きている世界に変化を与えようとしている。脳科学によって、心の働きを神経ネットワークの微細な活動のあり方に即して時間的にも空間的にも日常的スケールを超えて明らかにしようとしている試みはその典型例である。もしこのようなスケールの違うものが日常世界のなかで大きな位置を占め始めるとすると、わたしたちの心と世界に関する理解も変化してしまうかもしれない。

たとえば、先にはわたしが悲しんでいる友人に対して「なるほど、きみはいま、前頭葉と辺縁系の間で作られる神経ネットワークが興奮状態にあるんだね」といって、「脳科学者のところに相談にいってどのように興奮状態を鎮めたらいいかを聞いてみるといいんじゃないか」という場合を取り上げた。現代ではこのようなわたしの反応はいかにも不適切であるが、ひょっとすると将来には当たり前になるかもしれない。この言葉を聞いた友人は「ありがとう。そうするよ」と返事をするかもしれないのである。原理的にはその可能性は排除できない。そのような世界では、「心はどこにあるのか」という問いに対しての答えは脳であるということはむしろ日常的にも自明視されているからである。しかし、はたしてこのような会話によって「相互理解」が成り立っている人間を現在のわたしたちと同じ人間といえるのだろうか。

「心はどこにあるのか」という問いは、科学技術の発達によって日常生活のあり方が常に変化している現代のあり方を考慮するなら、そして将来にわたり科学技術の発達は止まらないことを想定するなら、わたしたちにとって答えを探し続けなければならない問いであり続けるだろう。哲学の問いに終わりはないのだ。

2

私の〈私〉との関係性

金井淑子

はじめに　新たなディズニー・プリンセス・コードの誕生

二〇一四年、アメリカを起点とし世界各地をめぐり日本にもやってきたディズニー映画劇場版『アナと雪の女王』が大ヒットし、日本社会は「アナ雪」旋風の中、「ありのままで／Let It Go」の歌が至る所で流れた。この映画は恋に落ちないプリンセスという新たなディズニー・プリンセス・コード（規範）の誕生を画した作品ともされる。『白雪姫』や『シンデレラ』に始まるディズニー・プリンセス・コードといえば「ひたすら王子の救済を待つシンデレラ・ストーリー」であり、「女の人生は選ぶ相手の男次第」「女の子らしくおとなしく待っていればいつか王子様が救い出してくれる」とされてきた。だが『アナと雪の女王』は、これまでのディズニー・プリンセス・コードの「幸せの法則」を書き換え、運命に果敢に向き合う主人公のプリンセスたち（王子様によってではなく姉妹というダブル・プリンセスと彼女たちを取り巻く異境の者たちの力による自己救済）のストーリーを登場させ、ディズニー・プリンセス・コードの新たなステージを画するものと評される。それを象徴する主題歌「ありのままで」の歌詞の日本語訳バージョンの第一フレーズは以下のとおりだ。

降り始めた雪は足跡消して／真っ白な世界にひとりのわたし／風が心にささやくの／このままじゃダメなんだと／とまどい傷つき／誰にも打ち明けずに悩んでた／それももうやめよう／ありのままの姿見せるのよ／ありのままの自分になるの／何も怖くない／風よ吹け／少しも寒くないわ

まさに自分らしくあること、自分を受け入れる、自分をさらけ出すとはどういうことかを主題としたものであった。「私の〈私〉との関係性」という本稿のテーマにおける、自己肯定・受容について「私が〈私〉と出会いなおすために」とても興味深い。

私が観たときは興行も終わりかけの時期のまばらな観客の場内だったから残念ながらそういうシーンにはならなかったが、「ありのままで」の歌詞が流れるところ、どの上映館も観客の感情移入は最高潮に達し館内総立ちになって大合唱の渦と化したそうだ。「アナ雪現象」である。なにが熱狂的な共感を呼び起こしたのか。

　そのような関心をもって「アナ雪現象」の背後にあるものを考えるとき、そこには、言葉と人間の関係についての、深い重要な何かが示唆されているのではないかと思えてならない。主題歌「ありのままで／Let it Go」の歌詞（言葉）には多くの人の感動を喚起した何かがあるのだ。

　じつは哲学は根源的には、人が言葉で世界と渡り合い、さらに自己と向き合う営為である。言葉を持つ人間は、言葉を通して世界と対峙し、世界を開示する。このとき言葉は対人関係におけるコミュニケーションの道具以上のものとして、世界の混沌に秩序を与え、人間存在の内面世界に深い省察の眼を向けることを可能にする。

　本稿では、この哲学の「世界開示・自己省察」における言葉の意味にも通じる何かを考えるために、「ありのままで」の「アナ雪現象」の中に哲学の現在的な問いを立ててみたい。そこからさらに、哲学の場面に登場している「臨床哲学」

（ベッドサイド＝問題の現場に立って哲学すること）の登場の意味にも触れたい。また、哲学に隣接する人文社会科学の場面で「ナラティヴ理論」への関心から物論・研究が展開されてきていること、それが哲学の場面にも「ナラティヴ・プラティック研究」への関心を呼び起こしていることにも触れる。現代社会を生き延びるための哲学への道を考えたい。

「ありのままで」をめぐるポリティックス

『アナと雪の女王』の作品のあらすじである。

昔々、アレンデールという王国にエルサとアナという姉妹のプリンセスがいた。姉のエルサは、触れるものを凍らせる不思議な力を持っていて、あるとき姉妹で仲良く遊んでいた時のこと、エルサが誤って氷の魔法をアナに当ててしまう。アナは意識を失い、慌てた国王はアナを救うべく、辺境の地に住むトロールに助けを求め、トロールは魔法でアナを救い、そしてエルサに危険な魔法の力をコントロールしなくてはならないことを強く警告する。この事件以降、城の門は閉ざされ、エルサは部屋に閉じこもり、魔法の記憶を消されたアナは突然の変化に戸惑い、扉を固く閉ざした姉に「遊ぼうよ」と呼びかけ続けるもまったく応答はない。それから三年余の年月が流れ、再び城の門が開放される日、エルサの戴冠式を祝うパーティが開かれることとなる。久しぶりの外の世界に大はしゃぎするアナは、偶然出会った隣国のハンス王子と意気投合し、その日のうちに婚約までしてしまう。しかしエルサはこの結婚に反対しアナと口論になり、興奮したエルサが魔法の力を暴走させてしまう。みなに秘密を知られ魔女と恐れられたエルサは城を飛び出し、雪山にこもってしまう。アナは凍りついた王国を救うべく、山男のクリストフ、雪だるまのオラフと共に、エルサのいる雪山へと向かう…。

雪山に立てこもったエルサが固く扉を閉ざしたままアナの呼びかけを拒否し追い返すシーン、その葛藤する心情を何度も何度も歌い上げるのが、冒頭に記した「ありのままで」の歌詞フレーズなのだ。

『白雪姫』『シンデレラ』を代表としてこれまでのディズニープリンセス作品で

は、異性愛中心の物語が続き、また数々の作品ではつねに「魔女」が絶対悪として描かれるというのが定番であった。典型的なディズニー・コードは、プリンセスとプリンスが出会い恋に落ち、真実の愛のキスを交わすと呪いが解ける。エンディングは、「こうして二人は末永く幸せに暮らしました」という物語。この異性愛中心主義の王子様願望の物語から『アナ雪』が距離をとっているという点でディズニー作品としてのプリンセス・コードの書き換えが図られていることについては冒頭に触れた。もう一つ画期的なことは「魔女と共生する物語」を描いている点にある。そもそもこの作品は、エルサが自らの生まれつき魔法の力を使えるという特性とどう向き合っているかという観点で物語を見るとき、そこには次の三つの段階が確認できるからだ（荻上2014）*1。

特性を否定しながら、社会から隠れて生きる／特性を肯定しながら、社会から離れて生きる／特性を肯定しながら、社会と共に生きる、という三ステップである。

エルサの自己肯定に至るこの三つのステップは、この世界の同性愛者差別の歴史と重ね合わせると非常に理解しやすい。自らの性的指向の「他との異なり」を

*1　荻上チキ2014『ディズニープリンセスと幸せの法則』星海社発行・講談社発売

否認し隠し通す。自認し周囲のごく少数の者には知られるものの、一般社会からは隠された場所、「クローゼット」化された状況を生きることを余儀なくされる。自らの性指向をカミングアウト（表明）し社会の中で生きる。

エルサの場合、「他との異なり」は、魔法を使える力を持っていることと、恋をしないプリンセスとして描かれていることにある。作品は、エルサの性指向についての「他との異なり」すなわち「同性愛であるとか、そもそも恋愛に関心を持たない者」というように明示的に描いているわけではない。しかしアメリカ社会でのこの作品に対する強い支持はセクシュアル・マイノリティの側から寄せられていて、エルサはマイノリティの被差別者を代表する者という強い共感を生んでいる。これは「アナ雪」の作品のプリンセス・コード書き換えのもう一つその奥に「異性愛規範」「性別二元性規範」からの距離に踏み込むセクシュアリティを描き出しているということなのかもしれない。そのためか、この「ありのまま」の日本語バージョン歌詞と英語版「Let It Go」との歌詞解釈をめぐっては、ちょっとした（しかしまさに差別の問題をめぐる本質的な）論争も起こっている。

一般的なこの作品の解釈では、妹のアナの愛が雪姫エルサの凍りついた心を溶かしたという話として流通している。しかし英語版歌詞に即してみれば、エルサの魔法を使える力をもつことや異性愛的恋愛から距離をとるプリンセスとしての異質性こそがこの作品の主題だというのだ。魔法を使うことができる雪の女王が人々から忌み嫌われることを恐れて固く心を閉ざし城を出て氷の城に立てこもってしまう。妹のアナの愛が雪姫の凍りついた姉の心を溶かしたのだというのは表層的な見方だというのだ。そうでなければ、エルサの孤独・怒りは理解できない。そのあたり日本版歌詞では変えられている、弱められてしまうという批判だ。

詳しい紹介に踏みこむことはしないが、英語版の歌詞についての激しいやりとりを見る限り、作品の本当の主題は、言われるとおり、エルサの性志向のマイノリティ性にあるのかもしれない。魔法を使うことが出来る雪の女王が人々から忌み嫌われることを恐れて固く心を閉ざし城を出て氷の城に立てこもってしまうということにあることも否定しにくい。エルサが魔法を使える自分、セクシュアリティが異なる自分、「ありままの自分」を周囲に認めさせるためには、周囲とまた自分自身とも闘わなければならなかった。マイノリティがマジョリティに対して自らの「ありのまま」を認めさせるのは容易なことではない。日本語版「ありのままで」の歌詞からは、マイノリティ・マジョリティの差別・被差別関係にある絶対的な力関係の差の問題が隠されてしまい、マイノリティの自己肯定の困難さから人々の目をそらさせてしまうという批判には耳を傾けるべきものはあろう。

差別の問題というのは、本質的にマジョリティのマイノリティに対する無理解、マジョリティ側のその鈍感さにあり、差別の問題の起因するところ、ほとんど「マジョリティにはマイノリティの問題は見えていない」ということにある。マイノリティであることの孤独や苦しみはマイノリティにしか分からない。「ありのまま」であることに不寛容なのは、世間体というモノサシや常識的な価値観であり、それは多くの場合、マジョリティの側にある者たちの価値観であるから、「フツウ」や「ケンゼン」のまなざしが、そこから外れる者の存在を差別し抑圧し時に抹殺する。そういう見えない排除の力学が働いている世界だから、「ありのままで」が多くの共感を呼んだのだということも頷《うなず》けよう。

だから、日本語版の歌詞が「ありのままで」だからこそ、日本社会では「アナ雪」への共感が広がったともいえるかもしれない。とりわけ日本社会の子どもたちの場面での「いじめ自殺問題」にまで発展する「KY（空気が読めない）」や

「同調圧力」の言葉が映し出す差別や排除の現実からは、そのようにも言えそうである。
「ありのまま」であることは、他からの「異なり」をもつ存在に対して不寛容な社会にあって、至難のことである。自身の内面と向き合い、内なる声を聴き、言葉で「語ること」、それは自分が何者なのかを「名乗る」ことを意味する。エルサの孤独は、それを語れない苦しみにある。見せてはならない、隠さなければならない、語ることができない「禁止」の魔法をかけられたエルサが、自分の魔法の力で自分の運命と闘い自分の道を切り開いていく。エルサがマイノリティを代表しこの世界に抗議しているという共感の拠ってくるところであろう。

自己の特性がコントロールしづらいために、他人との衝突を恐れるという意味では、魔法の力と言わずとも、発達障害にも見ることができる。発達障害当事者に必要なのは、自己の特性を知り、発達の凸凹を補うための療育と、社会の側の理解であるのだが、エルサの場合、まったく孤軍奮闘の「自分の生きづらさ」との戦いであった。

この時、エルサの渾身の怒りの表明、エルサが自らの苦しみや怒りの感情の吐露が言葉として発せられるところで、自分を呪縛してきたもの、自分にかけられた魔法が溶け、「ありのままで」いることが可能になるのは、以下の「べてるの家」にでてくるような物語の書き換えの問題が関わってくるからではないか。

「ありのままで」の歌詞はオペラ仕立てのこの作品の楽曲の迫力とともに観客の心をわしづかみにした。３ＤＣＧアニメーション技術の粋を駆使した映像の圧倒的な力に促されて*2、いま哲学としての言葉に求められているものはなにかという主題にかかわらせて、以下の議論につなごう。

魂への気遣いとしての哲学、「当事者研究」としての哲学

ここで改めて「哲学すること」の意味を顧み古代ギリシャに遡《さかのぼ》れば、デルフォイのアポロンの神殿の入り口に刻まれた「汝自身を知れ」という格言があり、このアポロンの神々から信託を受けた碩学ソクラテスによる哲学を「魂への気遣いの学」とする定義がある。個別事象を超えて普遍への志向、感覚を超えるものへ

の希求、哲学は、「形而上学（metaphysics）」とも言われ、自然・物質を超えた世界、つまり事物の世界のメタレベルの人間の精神世界に関わる知的活動として位置づけられてきた。しかしまた哲学・フィロソフィ（philosophy）は、語義的にはフィロソフィア（philosophia）に由来しそのフィロス（philos）とソフィア（sophia）に倣っては、哲学は「愛・知＝知を愛する学」とも定義しうる。哲学や形而上学さらには概念による学的基礎づけなどというと何とも堅苦しく近づきがたいが、「魂の気遣い」や「愛・知」ということならば、哲学はぐっと身近に迫ってくるのではないか。哲学の知的営為の根底にあるのは、「知る」ことへの欲求、それは己自身について知ることであり、よりよく生きることへの問い、世界の成り立ちについての問い、崇高なものへの希求を持ち続けることであり、つまるところそれは「魂への気遣い」ということに帰結するであろう。

　哲学への接近は、グローバル化する世界で、情報過多に陥り、お金や人やモノの動きなどのすべての変化が激しく揺れ動く社会で忙しく時間にせき立てられて生きる現代人にこそ必要とされる。哲学の世界に触れることは、日常世界の身体的精神的動きから距離をとり物事をじっくりと本質的に見つめる思考を育み鍛え

＊2　叶精二 2014『『アナと雪の女王』の光と影』七つ森書店

る機会となる。実際あふれるモノや情報の中で忙しく生きている現代人の間には、精神的にも身体的にも自身の中の拠り所としうるような何かへの渇望は根強く存在する。「サムシング・グレイト（何か偉大なるもの、神秘的なもの）」への憧憬の念は根深くあり、それが仏教やヨガや座禅、さらに俗的には占いなどへの関心となって表れているとも思われる。

同時に、現代という状況を生きる人間に固有な脆弱《ぜいじゃく》性ともいうべき問題は、「関係性の病」においてもっとも強く露呈される。「私の〈私〉との関係性における自己肯定・受容」の困難は、現代日本社会の人間関係の軋轢《あつれき》、現代人が過剰に抱え込むストレスにもあろう。自分の位置を見失いがちな現代社会を生きる人間の「生き難さ」が、自己愛の強さや、その反転としての自己の自己からの疎外感の果ての自死といった問題、つまり自己実現や承認欲求の不在に起因する「関係性の病」という問題を表出させている。しかもその関係性の病にはさまざまなアディクション（嗜癖《しへき》）問題や共依存関係といった問題が関係していることもあり、関係性の修復へのまなざしは、これらの現代人の固有に抱え込んだ生き難さの問題にも及ばざるをえない。

そうした状況を踏まえつつ哲学の現在の状況に目を転じれば、哲学の場面でも、哲学と言葉の問題に関わって「哲学の知の革新」とも見るべき新たな動きがある。「臨床哲学」やそれと不可分の関係で「当事者研究」といった新たな哲学への関心が大きく浮上しているのだ。先に述べたような現代社会を背景とする現代人に固有の生き難さについて、自らの抱えるさまざまな症状や問題さらに病の当事者としてそれと向き合う「自分研究」とも位置づけられる取り組みである。

そこで回復や自己の自己への関係性の修復にとって重要な契機となっているのが、言葉、ナラティヴ（語り・物語）なのである。ナラティヴとはたんにモノローグ的に語ることや不特定多数に向けて発話する行為ではなく、共感的に聴きあえる関係性の中で、自らの抱える困難や生き難さと向き合う取り組みである。それは語りあう関係性が拓く言葉の力によって回復へとつながる、自己の自己への関係性のこじれを解いていくような、語りの場の力に支えられた共同性である。

この「当事者研究」は、当事者研究の「べてる方式」とも言われるように、精神障害者当事者の地域自立・共生の一つのモデルとして北海道浦河町の「べてるの家」で取り組まれた実践にルーツをもち、「障害や問題を抱える当事者自身が自らの問題と向き合い、仲間とともに〈研究〉することを指す」と定義される。「語ること・ナラティヴ」による問題の外在化、自らの病との向き合い・付き合い方を知ることによって、もう一つ「別の物語」をもつ人生をスタートさせる。そしていまや日本の北海道の一地域を舞台として取り組まれた「べてるの家」の「新しい知としての当事者研究」に対する関心は、精神医療の場面にとどまらず、哲学、思想研究の各方面に及ぶものとなっている。

病いとの関係を生きる自分という物語の書き換えは、統合失調症患者に限られず、アスペルガー症候群当事者や難病患者による自己の病や症状との、当事者としての向き合いの場面にも広がっている。痛みの知覚や外界と自己との関係の認識の「他との異なり」についての研究的な取り組みが、哲学的な身体論や知覚論にも深い示唆をもたらし、現在では現象学研究の新たな展開として「身体」や「知覚」さらに「ケア」の「臨床学的現象学研究」を登場させるまでになっている。その意味で「当事者研究」は、誰かが「研究」的な態度で自らの苦悩や問題に向き合うとき「そこではすでに当事者研究が始まっている」というような研究としても位置付けうる。「苦悩に向き合う誰もが当事者なのであり、当事者研究の実践は、原理的には、それを必要としているすべての人に開かれている」とする「当事者研究」に対する定義づけ[*3]は、哲学のもっとも現代的なステージを画するものと言ってよい。そこで何よりも留意しておきたいことは、「私の〈私〉との関係性における自己肯定・受容」において「語ること・ナラティヴ」による問題の外在化（語り・聴きとる関係の中で自分の問題を客観化する）の意味である。

「魂への気遣い」から始まる哲学は、このように現代社会の文脈に位置づけてみれば、現在の「臨床哲学」や「当事者研究」への系譜にも繋がっているという見方もできる。少なくとも「魂への気遣い」においてはソクラテスのとった問答法・産婆術は、人が直接相対しての、言葉によるコミュニケーションの中からの「無知の知」の自覚に至るやりとりであったのだから。

この哲学の「世界開示・自己省察」における言葉の意味にもかかわり、ここに人間と世界との関係における言葉の意味・位置についてとても含蓄のある発言に触れたい。哲学ではなく文学表現の場面から田口ランディが、「言葉の呪力」について、「言葉と私がひとつになる瞬間、そこに哲学があるのではないか」とい

＊3　石原孝二編『当事者研究の研究』医学書院、2013年。

う発言をしている。「ほんとうは言葉は、人間にとってもっとずっと近かったはずなのに、私たちはもうおいそれとは言葉にアクセスできなくなってしまった。それは言葉を道具だと思い込んでいるからだ」と、次のように語っている。

言葉はたくさん知っているが、その言葉が私と一つになっているものは少ない。私は言葉を孕んでいるが、言葉はまだ私の中で眠っている。言葉が目覚める瞬間、もしかしたら、それを哲学というのでは……と思っている。

（中略）

ある瞬間、言葉という呪術に感覚が共鳴したとき、言葉はふと世界を垣間見せる。言葉を通して私は宇宙の記憶と呼応する。この空間に満ちている情報を受け取る。なぜ花は花なのか。その真実への回路が拓くのだ。だが、それは一瞬のことだ。

人が世界を言葉で表現し始めたときから、私たちの先祖たちは慎重に概念を育て、延々と現在に至るまで受け渡し続けた。死んでいったすべての人たちの想いが言葉の背後に蓄積し、言葉は膨大な情報を抱えてここに在る。だが、私たちはもう、おいそれと言葉にアクセスできない。言葉を道具だと思い込んでいるからだ。でも、言葉の呪力は生きている。人間は言葉の響きによって、世界と呼応できるセンスをもって生まれてきているのだ。人類が産み育ててきた最高にして最大の呪術。言葉＊4。

言葉は単なるコュニケーションの道具ではない。言葉が立ち上がる瞬間に、世界も、自己も立ち現われる。言葉という呪術に感覚が共鳴したとき、言葉は世界を垣間見させる、その瞬間を、アナ雪現象に見ることはできないか。「ありのままで」の言葉には、そのような呪力があるのではないか。現代社会を生きる大人から子どもまでの内面に共振を呼び起こす何かである。

この現象に立ち会い、この背後にある現代人の思い・祈りに寄り添うことの中にも、哲学することのもっとも現代的な意味を見ることができるかもしれない。そこにあるのは、田口の次の言葉「世界に耳を澄まし、目を凝らし、感じたままを言葉にしたとき、それは祈りになる」という言葉にもつながるであろう「何か」ではないか。当事者研究の作るナラティヴな関係も、回復への「祈りの共同

＊4　田口ランディ『聖なる母と透明な僕』青土社、2008年。傍点引用者。

性」とみるならば、そこにある「言葉」の意味はまさに呪力をもったものとして立ち現われているというべきではないか。

自己の自己への関係性のこじれ

人間の内面は実に厄介である。生きることに意味を問う存在である。人間は死に向かって生きる存在であるのに、意味を問う。人間は言語をもつ存在として、生きていることにおいて言語の意味世界に巻き込まれている。言葉に呪縛されている。

私とは誰なのか。生きている意味はあるのか。関係存在としての人間は、承認欲求を求める。承認欲求には、他者からの承認と自分自身による自分の承認との二つの側面がある。自分が自分を受け入れるほうに承認欲求の充足の難しさはあるのではないだろうか。承認欲求の枯渇が、すなわち自分と他者と社会との関係において、さらに自己の自己自身の関係性において、承認欲求が満たされず深い疎外感に陥るとき、人は「自分の自分からの疎外」として自らを自死に追い詰めることもある。人の生への意志を支えるものは何か。むしろ、挫かせるものは何か。二〇世紀の実存主義文学（カフカの『変身』とカミュの『異邦人』）に表象された二人の主人公の自爆的死（実存的主体の意志による死の選択）と、二一世紀日本社会の格差社会、とりわけ若者にとっての「希望格差社会」の現実の中で、自己の自己からの疎外の自爆へと向かう一人の若者、アキハバラ事件の「K」の姿もそこには重なるだろうか*5。

『死に至る病』の著者にして実存主義哲学の祖であるキルケゴールは、生涯をかけて神と自己と実存の関係を思索し続けた哲学者であるが、彼が残した言葉の中に「自己とは、自己自身と自己との関係性における関係である」という表現がある。デカルトの発見したコギト的主体は、思惟する理性から身体を切り離し、思惟する自我の自律性と優位性を取り出した。さらにキルケゴールの実存的主体においては、自己という主体を関係論的自己として「実存的主体」の発見に至る。キルケゴールは、神への信仰という実存的行為における関係性の問題として「自己とは、自己自身と自己との関係性における関係である」の言葉を残しているの

＊5　本書 56 頁を参照。

だが、人間を「自己の関係性に関係する関係」としてとらえる人間観は、さまざまな生き難さを抱えて生きる、承認欲求の枯渇に苦しむ神なき世界の現代人の内面的理解に重要な観点を差し出しているのではないか。

ディズニー・プリンセス・コードの「幸せの法則」に象徴されるように、私たちの生きる関係世界には、無数のコード化された規範が張り巡らされている。日々の慣習的行為や法、さらに言語そのものがコード化された規範であり、すべてに意味が滑り込んでいる。法や習慣の拘束力、さらにこの言葉の意味世界から（に対して）自分が自分らしくある（ありのままでいる）ことは、けっして容易なことではない。自己の自己への関係のこじれは、言語の意味世界との関係のとり方に深く規定されている。

たとえば、性を男／女と二元的に語ることにおいて、私たちの思考はすでに深く性別二元制を刻印されている。支配的な性愛関係である異性愛関係の考え方から距離をとること、自由であることは難しい。私たちの生きている世界とはそういう規範的世界である。多くの場合、社会の多数派のふるまい方や考え方の反映である価値観がコード化されて、人の行動や生き方に縛りをかけている。見えない規範として人はそれを自らの中に内面化して、生き方や考え方の範型にしてしまっている。こうして生き方の物語があらかじめ自分の中に取り込まれてしまい、現実の自分との関係に齟齬《そご》があってもなかなかそれを調整できない。向き合えない。

人が「ありのままで」あることを許さない人間世界の生の不条理は、アナ雪に限らない。アルベール・カミュの『異邦人』、フランツ・カフカの『変身』、これら二つの作品が描く世界の主人公を思い返したい。

『変身』の主人公はザムザという名のごく平凡な男で、彼の肩に両親と妹の生活がかかっている。ザムザは、意に沿わない勤め人としての自分の仕事について倦怠感を抱いたとき、ふと、「家族のためでなかったら、もうこんな生活は続けたくない」そういう想念に駆られて床についた。その翌朝目覚めると巨大な虫に変身していた、という寓話である。このたった一言のつぶやき、自らの置かれたまさに「自分のありのまま」の生を生ききれていない深い苛立ち、明日もまた早朝からいやな仕事に出かけなければならないのかという思いから吐いた愚痴によって、人間世界から追放されてしまうという話であった。

この寓話の怖さは、たとえ想念の中であろうと、「家族のためでなかったら」と、一瞬自分の中に湧き上がった本音を言葉にすることすら許されない人間世界の不条理にある。しかもザムザの稼ぎに頼らずには生活できないはずだった親や妹が、最初こそ元の孝行息子のザムザによみがえることを期待して日々の生活の世話などをしていたものの、次第に疎ましい存在としてザムザを邪険に扱い、最終的に回復の見込みがないことを悟るや、衰弱していくザムザに腐ったリンゴのとどめの一撃を加えて死のままに捨ておく行為に及ぶ。そしてあれだけザムザに依存していた二人がそれぞれにザムザに頼らない生活に向けて新しい出発するというものであった。

アルベール・カミュの『異邦人』の主人公は、ムルソーというこれもまた、フランスの一人の平凡な男で、偶然友人の起こした喧嘩に巻き込まれ銃の引き金を引き殺人事件を起こす。事件そのものは十分に情状酌量無罪に持ち込める裁判だった。しかしムルソーは自分のとった行為にいかなる形でも弁解しなかったため陪審員の心象を害し有罪死刑判決を受ける結果となる。観衆のあざけりの歓声の中、昂然と絞首台へのタラップを登りその生を終えるという物語である。

この主人公・ムルソーが裁かれたのは、殺人という行為そのものによってではない。自らの起こした（降りかかった）事件に一切の弁明も釈明もしない、自分の感情を偽らない、その淡々とした振る舞いに対してであった。年老いた母親を地方都市の養老院に入れてほとんど面会に行くこともなかった関係だから、「母親死す」の電報を受けて駆け付けた葬儀の席でも特別の感情もなく涙一つ流さなかった。そのことが裁判においては、人として当然持つべき振る舞いや感情を欠いた冷血非道の人間として裁かれたのである。陪審員制度の裁判官たちの心象をよくしようとにわかに神を信ずることもしないムルソー。ただ、自分の感情は欺かない、自分を偽らないという自分に対する誠実さを貫いたにすぎない。まさに「ありのままに」ふるまったことが、ムルソーの人間世界からの「追放」となったのだ。

おわりに　生き延びるために

人間の内面は実に厄介である。生きることに意味を問う存在である。私とは誰なのか。わたしは生きている意味はあるのか。自分と他者と社会との関係の中に、さらに自分自身の中に意味を見出せなくなって、自らを自死に追い詰めることもある。

そして私たちの前には、秋葉原通り魔事件を起こして社会を震撼させた「K」がいる。ザムザやムルソーの不条理な死に触れて私は「K」のことに思いをはせずにはおれない。それが近しいものにどれだけの苦しみを残すことになるかを顧みもせずに、「自己の自己からの疎外」の究極の選択として、他者の人生を巻き込む無差別殺傷事件を起こし死刑判決を受ける。人の生への意志を支えるものは何か、挫かせるものは何か。承認欲求の枯渇、他者からの承認、自分自身による自分の承認二つの側面があるだろう。おそらくは自分が自分を受け入れるほうに承認欲求の充足の難しさがあるのではないだろうか。

この人間世界の生の不条理性といかに向き合うか？　誰もが多かれ少なかれ抱いている自分の境涯に対する「不条理感」に襲われ、自分らしくありたいとする欲望が「自爆的自殺」に終わることのないような、生き延びるための哲学へのどのような道がありうるのか。

私の〈私〉の関係性のこじれを解き、私が私らしく生き延びるために、本稿が取り上げた哲学の中に登場する新たな動向の中に、そして哲学の近接する研究領域の知見にも踏み込んで、その方向性が垣間見えてくることを期したい。それはおそらく他との「異なり」や「弱さ」さらに「遅れ」と向き合える新たな人間像の模索となるのではないか。

3 善悪は心の中にあるのか

竹内聖一

善悪の問題に正解はない?

「……すると君は、善悪の判断は人によって異なるから、善悪の問題についてただ一つの答えなんか存在しないって言うんだね」

友人はどこか愉しげだった。僕は嫌な予感がした。彼がこういう顔をするときには、僕の意見が完膚なきまでに叩きのめされる、というのがお決まりのパターンだったからだ。それというのも、彼が学生時代に哲学なんてものを勉強していたかららしい、ということが最近分かってきた。彼に言わせると、哲学というのは物事の根本にまでさかのぼって考えるものなのだそうである。

この「物事の根本にまでさかのぼって」というのが厄介なのだ。彼の前で何か言おうものなら、なぜそう言えるのか理由を言ってみろ、とか、その理由の理由を言ってみろ、とかしつこく尋ねてくる。そういう問いかけに答えているうちに、僕は自分の考えが浅かったということを認めさせられてしまうのだ。そういうやり方が災いしてか、彼に寄りつく者はあまりいないようだった。それならお前は何でそんな奴とつきあっているのか、と言われるかもしれない。僕は……何と言うか、物好きなのだ。

——話がそれてしまった。そもそもどうしてそんな厄介な彼に難癖を付けられる羽目に陥ったのか、といえば、最近話題になっているある事件について彼に話したのがきっかけだった。事件の詳細が報道されるにつれ、世間の人々が異口同音に「犯人のしたことはどうみても悪だ」と言い立てて、犯人を吊るし上げようとするものだから、僕としてはつい反論したくなって、「善悪の問題に正解なんてない」というようなことを口走ってしまった。そして例によってその理由を問われて、苦しまぎれに「善悪の判断は人によって異なるからだ」と答えてしまったというわけなのだった。最近退屈しきっていた彼にとっては、僕の発言は格好の暇つぶしの種になったものとみえる。

そんなことをぼんやり考えながら、自分の学習能力のなさを呪っていると、いつものように彼は議論を始めた。

かけ算と善悪の問題の違いは何か

「たとえば、君と僕とで数学の問題について出した答えが違ったとしよう。君の言っていることが正しければ、この場合も君と僕とで判断が異なるわけだから、僕たちはお互い勝手なことを言っているだけで正解なんか存在しない、ということになるね」

「そんなわけないだろう。数学にはきちんとした正解が存在するじゃないか。かけ算の答えが二人で違ってて、そのどちらも正しいなんてことになったら、世の中は困ったことになるだろうな……」

そのまま言いよどんでいると、嫌でも彼のにやにやした顔が目に入ってくる。僕はこの不愉快な状況を打破しようと必死で考えた。

「ちょっと待ってくれ。さっきより言いたいことがはっきりしてきたぞ。こう言えばいいのかな。つまり、数学の問題で二人の答えが違っている場合、どちらかの答えだけが正しいってことがあり得るんだけど、善悪の問題の場合にはそうじゃない」

「というと？」

「君と僕のどちらも間違いじゃないってことだよ。つまり僕が言いたいのは、数学の問題に対する判断は客観的で正解は一つしかないけど、善悪の問題に対する判断は主観的で、そのどれか一つが正解とは言えないってことなんだ」

「なるほど、つまり善悪の問題に正解がないのは、「人それぞれ答えが違うからだ」と言うだけでは不十分だった。その答えのいずれも間違いではないということこそ、正解がないと言えることの理由だ、というわけだね。しかし、どうしてそうなるんだろう。かけ算と善悪の問題はどう違うんだろうか」

彼の嫌味は聞き流して、僕はかけ算と善悪の問題の違いは何かという問いに集中することにした。

善悪は心の中にある？

「どうしてかな……。かけ算の場合、たとえば、二×四＝八なら、二個のものを四組並べてその数を数えたら八個あったという事実を見せられれば、どんなに頑固な人だって、八が正解だと認めざるをえないだろう。だけど、善悪の問題の場合はそうはいかない」

「どういうことかな？」

「ある人がやったことについて、僕と君が同じだけのことを知っているとしても、それでも意見が食い違うことってあるだろう」

「たとえばどんな場合？」

「そうだな……最近の話なんだけど、友達のお父さんが病気で余命わずかだってことが分かったんだ。でも、彼を含めて家族の誰もそのことを本人には言わなかったそうなんだ。それで、その話を聞いたときに、それはやっぱり悪いことだって言う奴もいれば、むしろ善いことだったたって言う奴もいたんだよ」

「それじゃ結局人によって意見が違うっていう話で、話は一歩も進んでないじゃないか」

「人の話は最後まで聞けよ。その後、そのお父さんの性格だとか、家族とお父さんとの間の関係だとか、聞けるだけのことを聞いたんだけど、誰も自分の意見が間違いだったと認めたりしなかったんだ」

「よくもまあそんな立ち入ったことを聞いたものだね。それでどうなる?」

「皆同じだけの事実を知っても、誰も自分の判断を変えないってことは、善悪の問題の場合、誰の意見が正しくて、誰の意見が間違いなのかを決定づけるような事実なんて存在しないってことなんじゃないか」

「分かったよ。君は、善悪は人の心の中にあると考えているというわけだね」

善悪の判断は感情なのか

「よく分かんないな。善悪が人の心の中にあるってどういうことだよ」

「おや、先ほどまでの話しぶりからして、君はもう分かっているものだとばかり思っていたんだけどな」

「分からないね」

「さっきのお父さんの話だけど、どうして君たちの意見は食い違ってしまったんだろう」

「そりゃ、そのとき僕たちが抱いた感情がまちまちだったからだろう。何も知らせないのはお父さんがかわいそうだとか、知らせるのはむしろ残酷だとか――待てよ、そうか……なるほど。君の言いたいのはこういうことか。つまり僕たちの意見に根拠があるとしたら、それは僕たちそれぞれの感情だっていうことかい」

「そう、そしてその感情は——」

「僕たちの心の中にある、というわけだね」

僕が納得したのを見て、しばし彼は黙り込んだ。何か考えているようだった。

感情と善悪の判断が一致しないこともある？

考え込んでいた友人がようやく口を開いた。

「君の言っていることが正しいとすれば、善悪の判断を左右しているのは、その人の感情だということになる。でも本当にそうなのかな？　自分の抱いている感情と、善悪の判断が食い違うこともあるんじゃないか」

「たとえば？」

「そうだな。仮に僕の父親が余命わずかだと分かったとしよう。その場合、僕だって、真実を知らせるのはとても残酷だから知らせたくないと感じるだろう。つまり僕の感情は、真実を知らせないよう僕に命じるわけだ」

「なるほど。それで？」

「でもその一方で、やはり真実を知らせないのは悪いことだとも僕は判断するだろう。そして実際に父親に真実を知らせることに決める。これはつまり、善悪の判断が、必ずしも感情とは一致しないことを示しているんじゃないか」

「でもそれは二つの感情が争った結果、一方の感情が勝った結果とも言える。たとえば、知らせるのは残酷だという感情と、知らせないのはかわいそうだという感情だ。真実を知らせた方がよいという君の判断は、結局のところ、その「かわいそうだ」という感情に由来するのだとも考えられる」

「たしかに君の言う通り、善悪の判断は感情に由来しているかもしれない。だが僕に言わせれば、たとえ感情に由来するとしても、善悪に関わる判断と感情とは別物だ」

「どうしてそう言えるのさ」

「たとえば僕は高いところが怖いんだけど、他の人達もその感情を抱くべきだとは思わない。でも、善悪の判断の場合はそうじゃない。真実を知らせないことは悪いと判断したのなら、僕は他の人たちも同じ判断を下すべきだと思うだろう」

やれやれ。いつものことながら、彼を説得するのは容易なことではないようだった。

善悪の判断は客観的なものか

「君はそう言うが、現に人々の善悪の判断はまちまちじゃないか。それなのにどうして、皆が同じ判断を下すべきだと言えるんだ」

「簡単な議論だ。やってみよう。自宅への帰り道、急に雨が降ってきた。あいにく君は傘を持っていない。ふと見ると、コンビニの入り口の傘立てにいくつか傘が立ててある。うまくやれば誰にも見つからずに傘を盗むことができそうだ。さて、君はどうするだろうか」

「もちろん、その傘を盗んだりはしないさ。濡れて帰るか、そのコンビニで傘を買うかするだろうね」

「つまり、君は目の前にあった傘を盗むべきではないと思ったわけだ。それで、君がその傘を盗むべきでないのは、君に他の人たちとは違う何か特別なところがあるからだろうか」

「すくなくとも、僕に特別なところがあるから盗むべきじゃないと判断したわけではないだろうね。それで、ここから何が言えるのさ」

「君以外の他の誰について考えてみても、同じ状況に置かれれば傘を盗むべきでない理由があるということになるだろう。君だけでなく、他の誰にも特別なところなどないからね。つまり、君が、何か特別な事情なしに、あることをすべきでないと判断したのであれば、君は同時に、他の誰であっても、同じ状況ではそのように判断すべきだと考えているということになるんだよ」

「なんだか筋は通っているみたいだ。でも説得力は感じない」

「なぜ?」

「そんな話を聞かされたって、その状況で傘を盗んでもいいと判断する奴はいるんじゃないか。だってそもそもそういう奴は、自分は他の奴とは違う、特別なんだと考えているんだから。そういう奴にとって、自分が「実際に」特別かどうかなんてことはそもそも問題にならないんじゃないかな」

「なるほど。この議論によって実際に、傘を盗もうとしている人を思いとどまらせることはできないかもしれない。でも、だからといって彼には他人の傘を盗むべきでない理由がないということにはならない。僕としては、特別な事情がない限り、誰もが同じ善悪の判断を下すべき理由があることを示せるだけで十分だと思うがね」

「それじゃ意味ないよ。だって本人はその理由に納得してないんだから」

「それなら、そういう人たちにも悪いことは悪いと納得させるにはどうしたらいいのかな」

「簡単なことさ、法律があるじゃないか。法律に反したら罰を受けなくてはならないという事実こそ、人々が悪事を働くのを思いとどまらせているんだ」

法律の根拠は何か

僕の答えを聞いた友人は非常に不満げな顔つきをしてこう言った。

「罰を受けるのが嫌だから、君も僕も、そして世の中の人々も、善悪について同じ判断を下し、それゆえに殺人や泥棒なんてしない――たしかにそういう人たちは法律に従っているとは言えるかもしれない。だが罰が嫌だという理由で法律に従っている人たちは、本当に殺人や泥棒は悪いことだという判断を下しているのだろうか？」

「僕には君がその二つを区別する根拠が分からない。一体どう違うのさ」

「たとえば、法律は殺人を禁じている。そして、殺人を犯せば重い罰を受けることになる。重い罰を受けたくないというので、人は殺人を思いとどまるかもしれないが、だからといって、殺人は悪いことだと判断しているとは限らない」

「そうかな。重い罰を受けるというのは十分悪いことじゃないか。そう思うからその人は殺人を思いとどまるわけだろう」

「「悪い」の意味が違う。たしかに罰を受けることは「その人にとっては」悪いことだろう。だが今問題にしているのは、誰にとっても悪いという意味の「悪い」だ」

「なるほど、罰を恐れて殺人を犯さない人は、殺人が誰にとっても悪いことだとは判断していないかもしれないね」

「つまり、ある法律に従うことと、その法律が禁じていることを実際に悪いと判断していることとは別物だということだ」

「でも、罰が嫌だから法律に従っている人も、法律が禁じる行為は悪いことだと判断した上で法律に従っている人も、法律に従っているという点では同じなわけだろう。二人の違いは一体どこにあるんだろう」

「そうだな……法律が禁じる行為は悪いことだと思っている人は、ただ罰を受けるのは嫌だと思っているだけじゃない。法律に反したら罰を受けるのは正当なことだって納得もしているんじゃないか」

「罰を受けることに納得してるって、一体どういうことさ」

「罰を受けなかった人に対する僕たちの反応を考えてみると分かりやすい。僕たちは誰かが殺人や泥棒をしたのに罰を受けずにいるのを知ると「ずるい」とか「卑怯だ」とか思う。だけど、同じ「嫌」なものでも、病気の場合はどうだろうか」

「まだわからないな。もう少し説明してくれよ」

「みんな病気にかかるのが嫌なものだから、身の回りを清潔にして病気にならないように気をつけているとしよう。このとき、たとえばこの僕が、ものすごく不潔にしていたにもかかわらず、その病気にかからなかったとしたらどうだろう。その場合にも「ずるい」とか「卑怯だ」という反応が寄せられるだろうか」

僕は考えてみた。彼を嫌っている人がそれを知ったとしたら、がっかりはするかもしれないが、「ずるい」とか「卑怯」とは思わないかもしれない。僕が彼にそのことを言うと、彼はすこし気落ちしたようだった。意外と繊細なのだ。慌てて、でも僕なら少なくともがっかりはしないだろうと付け加えると、今度は何とも言えない顔をした。いったい僕にどう言ってほしかったのだろうか。

「それで僕は何を答えたらいいのさ」

「だから、どうして僕たちは、法律に反したとき罰を受けるのは正当なことだと思っているのか、どうして、罰を受けなかった人は「ずるい」とか「卑怯だ」と思うのか説明してほしいんだ」

さて、どうしたものか。

グラウコンの意見

ふと僕は以前読んだ本の中に出てくるグラウコンという人物の台詞《せりふ》を思い出していた。彼は確かこんな主張をしていた。本来は他人を傷つけることの方が善で、他人に傷つけられることが悪だ。しかし、たいていの人間はそれほど強くはないので、他人を傷つけておいて、仕返しをされずにいるのは難しい。そこで、お互いに相手を傷つけないという契約を結んでおくのが結局は自分たちの得になると考えたのだ……。

古代ギリシアの時代から（信じられないことだが、そんな昔に書かれた本が今の時代にまで伝わっているのだ）、こんなに現実的なものの見方をする人間がいたのかと思うと、なんだか親近感がわいてきたのを覚えている。僕がその話を彼にすると彼は、へえ、君は『国家』なんて超大作を読んでいるんだねと感心したように言ったので、実はいくら読んでも終わらないのにたまりかねて途中で投げ出してしまった、というのは内緒にしておくことにした。

「それで、その話をもとにすると、さっきの問題に対する君の答えはどうなるんだい？」

「こうなるんじゃないかな。僕たちは互いに相手を傷つけないという契約をしたんだから、たとえ、自分の個人的な判断に照らせば善いことであったとしても、殺人や嘘のように相手を傷つける行為は誰にとっても悪いことなんだよ。そして、契約に反した人が、それ相応の罰を受けないのだとしたら、そもそも僕たちが互いに契約をした意味がなくなってしまう。だから、罰を受けない人をみると「ずるい」とか「卑怯だ」とか思うんじゃないか」

「なるほどね。もう一つ教えてほしいんだけど、僕も君もそのような契約をいつしたんだろう」

「えーと、それは……」

彼は困っている僕の顔を見てにやにやした。

「その問題はまた別の機会に考えることにしよう。それよりも重大な問題があるからね。君の言う通りだとしたら、ある一つの社会にとっては、物事の善悪はただ一つに定まると言える、ということなのかな?」

「そうだ。僕たち個々人の間では物事の善悪は一つに定まらない。でも、社会全体からみれば、ただ一つの善悪が存在するんだ。多数派が一致して承認するのが「善い」行為であり、多数派が一致して非難するのが「悪い」行為なのさ。それを皆に示すために僕たちの社会には法律というものがあるんだよ」

その答えを聞いて、彼はますます愉しげな顔つきをした。どうやらここまでのところ、僕は彼の思い描いた通りのコースをたどっているようだった。この先が思いやられる。

善悪の問題に正解はある？

「もし君の言う通りだとしたら、やはり善悪の問題に正解はあるということになりはしないだろうか」

そうだ。そもそもこの話は、僕が「善悪の問題に正解はない」と言い出したことから始まったのだった。彼がますます愉しげな顔つきになったのは、いつの間にか僕が最初の発言と矛盾するようなことを言い出したからに違いない。やられた——と歯ぎしりしながら僕は起死回生の道を探った。慣れとは恐ろしいもので、こうして彼と議論を重ねるうちに、少しは僕も食い下がれるようになってきた。僕はなるべく自信たっぷりに見えるように反論した。

「そんなことはないさ。社会によって、何を悪いとするかは異なるし、同じ社会でも時代によって何を悪いとするかはやはり異なる。たとえば、現在の日本では、医師が薬物による安楽死を望む人の手助けをすることは認められていないけど、オランダではそうじゃない。一定の条件を満たせば、医師が手助けすることは認められているんだ。それに同じ日本でも、僕たちの生きる現代社会では私的に復讐を行うことは禁止されているけれど、江戸時代には敵討《かたきう》ちが認められていたじゃないか。二つの社会を比べるという視点で見れば、そのどちらが正しいということはないんだ。やっぱり善悪の問題に正解なんてないんだよ」

「なるほど。確かにその通りかもしれない。でも、それならなぜ現代の日本では敵討ちは認められなくなったんだろう」

「そりゃ、現代の日本でそんなことが起こったらみんなが困るからに決まっているじゃないか。さっきの僕の話聞いてなかったのかい」

「いや、もちろん聞いていたさ。聞いていたからこそ疑問に思うんだ。だって君の言う通りだとしたら、江戸時代の人たちは敵討ちがあっても全く困っていなかった。むしろそれがあることは望ましいと考えていたんだろう。それなら、なぜ敵討ちはなくなってしまったんだろう？」

「えーと、それじゃ江戸時代にも、敵討ちなんて野蛮なことはやめるべきだと思った人がいたとか？」

「どうして敵討ちがなくなったのかは僕も知らない。でもこれまでの君の主張が正しいのだとしたら、少なくとも君が今言ったような答えは適切でないということは分かる」

「どうしてそんなことが分かるんだ？　だって君も実際のところは知らないんだろう。それなら——」

「いいかい、君が言っているのはこういうことだ。江戸時代には、多数派が一致して敵討ちを承認していた。つまり江戸時代の日本社会において敵討ちは「善い」ことだった。ところがそこに敵討ちは「悪い」ことだという人が現れた」

「そうだよ、それのどこが問題なのか僕には全く分からないけど」

「君は善悪の問題に正解はないって主張しているんだぜ。でも今の君の説明をそのまま続けたらどうなると思う？」

どうなるっていうんだ。僕は心の中で自問自答した。

善悪の基準が変化するとき、何が起きているのか

「その多数派が、敵討ちは「悪い」ことだっていう人の主張を受け入れて、今日から敵討ちはやめることにしようってみんなで決めたとしよう。その理由はいったい何だい」

「理由って、そりゃあ自分たちのやっていたことが野蛮だったたって気づいたってことなんじゃないか――いや、それじゃまずいのかな」

「まずいだろうね」

「少し待ってくれないか。考えてみるから。自分たちのやっていたことが野蛮だったたって気づいたってことはつまり、自分たちのやっていたことが間違いだって気づいたってことか」

「そうだ。だがそう主張すると、君は自分で自分の首を絞めることになる」

「わかったよ。そうなると善悪の問題にはやっぱり正解があるってことになる

んだろう。でもどうかな。まだあきらめるのは早い気がするんだ」

「かまわないよ。時間はいくらでもあるんだ。気の済むまで考えたらいい」

なんだか、へぼな将棋指しが何度も待ったをかけているような気分になってきた。しかし背に腹は代えられない。

「そうだ、こういうのはどうだろう。多数派の人たちは、自分たちのやっていたことが間違いだと思ったから敵討ちをやめると決めたんじゃなくて、ただ、少数派の人たちの考えを気に入ったから、敵討ちをやめるってことにしたんだ。これなら、善悪の問題にはやっぱり正解なんてないってことになるんじゃないか」

「君がそれでいいのなら」

「なんだよそれ、君はちっともよくないっていう口ぶりだね」

「もちろんよくないさ。善悪の判断と感情との違いの話を思い出してごらんよ」

「どんな話だったっけ」

「あきれた、もう忘れてしまったのかい。単に多くの人たちがそれを気に入っているというだけなら、それを気に入らない人たちにまでその感情を押しつけることはできない。でも今日からは敵討ちをやめようという決定は、敵討ちをまだ気に入っている人たちにも適用されるんだろう。その決定の根拠が多数派の感情だなんていう考えには納得できないね。そこには、単なる感情を超えた何かが必要なはずなんだ」

「つまりどういうこと?」

「多数派が自分たちの誤りを認めるきっかけになる何らかの事実が必要だってことさ。しかもそれは多数派の心の中にある事実――つまり感情なんかじゃない」

そしてこの場合、社会全体にとって敵討ちの存在が不利益になるという事実を持ち出すこともできない、と友人は付け加えた。

「じゃあ一体どうしたらいいんだ。これじゃお手上げだよ。善悪の判断の根拠になるような事実は僕たちの心の中にしか存在しないんだろ」

「それが間違いなんじゃないか」

そう言うと、友人は僕の顔をまじまじと見た。

人は善悪眼鏡をかけて世界を見ているのか

「これまで検討してきた考えによれば、善悪は行為それ自体に備わっているのではなく、人の心の中にあるということになる。黄色い眼鏡をかければ本来は黄色くない風景が黄色く見えるだろう。だから――」

「僕たちはいわば善悪眼鏡をかけて世界を眺めているんだっていうわけか。それで本来は善悪などないはずの物事に善悪があるようにみえる」

「そうだ、そしてその善悪眼鏡は一人一人の心の中にあり、しかもそれは人によって異なる善悪の見え方をするのだという具合にね。しかしこのたとえはあまり適切ではないと僕は思う」

「どうして。僕には極めて分かりやすいたとえのように思えるけどね」

「いや、そうじゃない。なぜって、このたとえによれば、物事の善悪はある人、あるいはある人々の「心の外」にある事柄には全く左右されない。それは、その人やその人々がどんな善悪眼鏡をかけているかで決まるんだ。でも、もしそうだとしたら僕たちが善悪の判断を間違えるというのがどういうことなのか、うまく説明できなくなってしまうじゃないか」

「というと?」

「このたとえによれば、悪い行為というのは、その人のかけている眼鏡を通して見たときに、悪く見える行為のことだ。それ以外に、その人にとって悪い行為なんてない。それなら、その人にとって、自分には善く見えるけど実際には悪い行為なんて存在しないはずじゃないか。これはつまり、その人が行為の善悪について間違いを犯す可能性がないということだ」

「なるほど。それで、そのことが今僕たちが考えている問題とどうつながるのさ」

たまりかねて僕が尋ねると、彼はどうして分からないんだ、とでも言いたげな顔をした。内心、彼の態度に悪態をつきながら、僕は彼が次の言葉を発するのを待った。

見えないものを見る

「少数派の意見に耳を傾けて、自分たちの生き方を変えた人たちは、単なる気まぐれでそうしたんじゃないい。少数派の人たちに見えているものが見えるようになったんだ、とは考えられないか」

「「見えるようになった」って言うけど、見ているものはみんな同じじゃないか」

「どうも君にはよけいな思い込みがあるようで始末が悪いな。どうしたものだろう……そうだ、君は最近実家のそば屋の手伝いを始めたと言ってたね」

「そうなんだ。最近はそば打ちの見習いも始めてね――って、それが今の話とどういう関係があるのさ」

「いや、関係ないかもしれない。でもまあいいじゃないか。そば打ちの見習いって何をやるんだい」

「今はそば粉に水を加えて練っていく水回しっていうのを練習してるんだ。水回しっていうのは実に繊細な作業でね、そば粉と水の割合がポイントなんだ。その見極めがいい加減だと、後で生地を伸ばしても、うまくそばにならない」

「というと?」

「いざそばをゆでてみると、ぼろぼろにちぎれたり、お互いにくっついちゃったりするんだ」

「なるほど、それは確かにそばじゃないね。すいとんと言った方がいいかもしれない」

「すいとんは小麦粉だろ。そば粉の場合は、そばがきって言うんだよ——この話いつまで続けるのさ」

「もう少しだ。それで君はそのそば粉と水の割合というのを見極められるようになったのかい」

「いや、それがまだなんだ。単に毎日同じ分量の水を使えばいいってもんでもないらしくてね。師匠である親父によれば、そば粉の手触りの微妙な変化に応じて加減しなくちゃいけないらしい」

「しかし、君の親父さんには、その加減が造作なく分かるんだろう」

「そうだ。しかし僕はまだその境地に到達できそうもない」

そう言って彼の顔を見ると、彼は僕が何かに気づくのを待っているようだった。

しかし何を待っているのだろう。

善悪は心の外にある？

たまりかねたように彼が口を開いた。

「それで、君と君の親父さんは同じものを見ているのだろうか」

「そりゃもちろん同じ水と粉を使ってるんだから同じものを見ていると言っていいいんじゃないか」

「それならなぜ君には水回しがうまくできないんだ。同じものを見てるんなら、同じようにうまく水回しができたって不思議はないんじゃないか」

「そうだな……経験の差とか？」

「そりゃもちろんその通りだけど、経験のない君には、自分が練っているそば粉の手触りは、まだ特に意味をもったものには感じられないんだろ?」

　確かに彼の言う通りかもしれない。練っている間に手触りは変化していくのだが、どこで水を足すのをやめたらいいのか、僕には皆目見当がつかないのだ。親父は、その手触りの変化の中で、そのポイントを確かに見てとっているのだろう。ずいぶんかかったが、ようやく彼が何を言わんとしているのか分かってきた気がした。

「つまり、こういうことかい。僕と親父は同じそば粉をこねているけど、粉の手触りがそれぞれにとってもつ意味は全く異なっている。親父にはある特定の手触りが、水を足すのをやめるサインとして見えるけど、僕にはそうは見えない。君が言いたかったのはそういうことなんだね」

「そうだ。同じものを見ても経験の差によって、その意味は異なる。そしてその意味は人の心の中にあるんじゃない。それは人が発見するものなんだよ」

「今度はよくわからないな」

「いったん見方が分かってしまえば、それはまさに始めからそこにあったものとして、すなわち「心の外」にあったものとして見えてくるということだよ。見方を知る前の君は、そば粉の手触りがそういう意味を帯びていることに気づかなかっただけだ、ということになるんだ」

「そんなものかな」

「それに、そういうことが起こるのは、そば打ちのような新しい技術を学ぼうとする場面だけとは限らない。特段学ぼうとしなくても、新しい見方が自然と身についてしまうこともある」

「本当かい？」

「そうだな……君は子供の頃、コーヒーが好きだったかい」

「いや、大人はどうしてあんな苦いものを喜んで飲んでいるんだろうって不思議に思ってたよ」

「それで今はどうなんだ」

「前と同じで苦いのは変わらないけど……そういえばいつの間にかおいしいと思って飲むようになったな」

「それはつまり、苦みの中にある旨さが分かるようになったってことなんじゃないか」

「なるほどね」

「善悪の判断が変わるというのも、同じものが見えていて、単にそれに対する評価の仕方が変わっただけとは限らない。物事をこれまでとは違った仕方で捉えるようになったからこそ、それに伴って判断も変化したのだ、ということもあるんじゃないだろうか」

善悪の判断を支える事実

「それで、僕たちの議論の結論はどうなるんだろう」

「もちろん善悪は人が作り出したものだ。法律や罰の存在からもそれは明らかだよ。それは君が言うように契約に基づくものなのかもしれない。しかし皆がその契約を結ぶことに納得するためには、すなわち正当なものと認めるためには、何らかの事実が必要だ」

「その事実は行為や物事にはじめから備わっていたものとして発見される。だから、善悪は必ずしも人が世界に付け加えたものだとは言えない」

「そうだ、ただし、その事実は誰の目にも明らかなものとは限らない」

「そこまでは分かったよ、でも、それはどんな風にして「見える」ようになるんだろう」

「というと？」

「だって、まだ君は、江戸時代の人たちが、どんな風にして敵討ちを「悪い」ものとして見ることができるようになったのか、全然言ってないぜ。コーヒーの例は出てきたけど、あれはどちらかと言えば感情の話に近いしね」

「鋭いね。そうだな、君の言ったそば打ちみたいに、いくらかの経験を必要とするのかもしれない。それとも、もっと別の仕方かもしれない。それはまた別の問題だ」

「それに、人によって見えているものの意味が違うなら、やっぱり事実によってどちらが正しいかを決めるのは無理なんじゃないか」

「それもこれから考えてみないといけないね」

「何だ、まだ全然終わってないじゃないか」

「一度に全部は分からない。そば打ちと同じだよ」

［読書案内］

麻生博之・城戸淳（編）『哲学の問題群――もういちど考えてみること』、ナカニシヤ出版、二〇〇六年

六七－六九頁で述べられているように、善悪の判断は単なる感情を超えるものだと言える。詳しくは、この本の一九三－一九八頁をみよ。

トマス・ネーゲル（岡元裕一朗・若松良樹訳）『哲学ってどんなこと？――とっても短い哲学入門』、昭和堂、一九九三年

六九－七〇頁に登場する、誰にでも他の誰かを傷つけない理由があることを示す議論は、この本の八九－九五頁において述べられている議論をアレンジしたものである。

プラトン（藤沢令夫訳）『国家（上）』、岩波文庫、一九七九年

七五頁に登場するグラウコンの意見については、この本の一〇六頁をみよ。

高橋昌一郎『哲学ディベート　〈倫理〉を〈論理〉する』、NHK出版、二〇〇七年
七八－七九頁に登場する、異なる社会や時代に通用する道徳規範の間に優劣はないという見方は、文化相対主義と呼ばれる。詳しくはこの本の九五－一一四頁をみよ。

スティーブン・ロー（中山元訳）『考える力をつける哲学問題集』、ちくま学芸文庫、二〇一三年
八四－八五頁に登場する、色眼鏡のたとえで善悪の判断を捉えようとする見方については、この本の二一六－二三五頁をみよ。

河野哲也『善悪は実在するか　アフォーダンスの倫理学』、講談社選書メチエ、二〇〇七年
八三頁以降で論じられている、善悪の判断の根拠となる事実については、この本（特に八六－一一六頁）が一つの解答を与えている。

4

愛する

田坂さつき

場所
東京都品川区大崎、立正大学品川キャンパス内。

登場人物
裕《ゆう》――経済学部経済学科二年生
ひとみに恋をしていて告白したがふられてしまう。
健太郎――文学部哲学科三年生
裕とひとみと共通の友人。哲学書の勉強会には熱心。
ひとみ――文学部文学科二年生
古代ギリシャの哲学が大好きな女子学生。
愛子先生―文学部哲学科教授
古代ギリシャ哲学、特にプラトン哲学を専門とする。

第一場　カフェ

ひとみ　ロマンチックね。ペリアスの娘アルケスティスはね、愛する夫アドメトスの悲運の死を避けるために、自分が身代わりになって死ぬのよ。自分の命に代えても夫を愛するなんて素敵。あーあ、とにかく、そんな気持ちになるような人に出会えるなんてすごい。私にはそんな気持ちになる人っていないんだよね。あーあ、燃えるような恋がしてみたい。

健太郎　プラトンの『饗宴』＊1にハマったね。アドメトスには父も母もいたんだけど、命を捨ててまで愛したのは妻だけだった。夫婦の愛は親子の愛に勝るってことになってるけどホントかな。

ひとみ　オルフェウスは、竪琴で美しい音楽を奏《かな》でる。妻に先立たれて悲しくて、竪琴をもって黄泉《よみ》の国まで妻に会いに行く。これも素敵よね。死んでも切れない愛の絆。黄泉の国まで妻を求めて旅に出るなんて、そこまで愛

＊1　古代ギリシャ哲学者プラトン（B.C.427年～B.C.347年）中期の著作。前半はエロス（愛の神、あるいは愛そのもの）を賞賛する5人の演説が繰り広げられる。ここでは前半最初の話者パイドロスの演説（プラトン『饗宴』179B-E）に即して話している。

されたい……

健太郎　そうかな。オルフェウスは自分が命を捨て、死んでから黄泉の国で妻と再会しよう、とは思わなかったんだよね。生きたままあの世に行って妻に会おうとした。つまりさ、アルケスティスのように命に代えても夫のために、というわけじゃないんだよ。自分の命が惜しいんだ。だから結局オルフェウスは妻をあの世から連れ出すことができなかった。それだけじゃなくて、神からの罰を受けて、女たちの手にかかって無残な死を遂げるんだ。愛なんてはかないよ。

ひとみ　これは、恋は命がけでなければ本物じゃない、という話よ。自分にとって都合がいい人だから愛してあげる、っていうわけじゃないのよ。

健太郎　そうかなあ。あの人といると自分が幸せになるんじゃないかって、計算するのが普通じゃないの？　計算間違いや状況の変化で、自分が幸せにならないと思うときに、恋が終わるんだ。愛はやっぱり長続きしない。

ひとみ　アリストテレスによれば、愛する理由には三種類あるんだって*2。一つは、快楽を提供してくれるから。一つは相手が自分にとって有益だから。健太郎が言うはかない愛はこれよ。でもこれは本物じゃないのよ。

健太郎　じゃ何が本物なの？　聞きたいな。

ひとみ　最後の一つが最もうるわしいんだけど、相手の善を相互に願って、その実現をともに喜ぶもの。快楽っていうのはその時だけで、はかないじゃない。それから相手がたとえばよ、授業のノートを代わりにとってくれるとか、就職したいアパレルの社長の息子だったら有益かな、って計算するのって打算的じゃない。これは本来の愛ではないのよ。ひたすら相手にとって善いことってなんだろうといつも考えて、そして相手が幸せなら、自分のことはどうでもいいと思っているのが本物よ。

健太郎　いや、そもそも、愛っていうのは、本来、長続きしないものさ。愛しているその時が最も輝く頂点で、それ以降は終わりへの道なんだ。でも、そこまでいくのはまだいい。大体は片思いじゃない。

ひとみ　たしかに。相思相愛なんてめったにないわよね。いい人なんだけど、告白されても、恋するという気持ちにならないのよね。それに、相手がいろいろよくしてくれて嬉しいんだけど、それでつき

＊2　アリストテレスはプラトンが創設した学校アカデメイアで学んだ哲学者（B.C.384 年〜 B.C.322 年）。愛を求める対象によって 3 種類に分類する見解については、『ニコマコス倫理学』第 8 巻 1 章から 6 章を参照。

あおう、なんてことになると、自分の方は有益さを手に入れるために付き合うことになるし、相手は自分の幸福のために貢《みつ》ぐ感じになるし、これってよくないよね。

健太郎　いいとか悪いとか、そんなに簡単に決めないほうがいいよ。俺、これから裕とメシ食いに行くんだけど、来て続きを話さない？

ひとみ　私は遠慮しとく。

第二場　学食

健太郎　（あーあ、裕やばいな）裕、どうした？

裕　最初からこうなることはわかってた。いつもこうなんだ。僕は絶対結婚なんてしない。もう恋もしない。ひとみさんを好きにならなければよかった。

健太郎　まあまあ、そもそもひとみさんは君とは最初から合わなかったんだよ。

裕　裕にふさわしい相手はかならずいる。そんなに思いつめることないよ。赤い糸でつながれた人がいるっていうじゃない。そういえば、古代ギリシャでも太古の昔、人間は手が四本足が四本で目が四つだったんだって*3。

健太郎　なにそれ？

裕　まあ聞けよ。それが四方八方動きまわってやっかいな生き物だったから神様が、真ん中で二つに切ったんだって。最初は、男男でくっついていた人と、女女でくっついていた人と、男女でくっついていた人がいて、それを二つに切ったもんだから、それぞれが相手を求めてさまようって話。元々の相手を求めて恋するんだって。それがね、二千年以上前にギリシャで書かれた哲学書『饗宴』にある話なんだよ。なんか新しいよね。男と女だけじゃなくて、男が男を恋するとか、女が女を恋するとか、何だか多様なセクシャリティーを認めるべきだって主張みたいだよね。

裕　そんなことはどうでもいい。ひとみさんは僕の片割れじゃなかった、ということなんだ。

＊3　『饗宴』前半3番目、アリストファネスの演説（プラトン『饗宴』189D－193B）を参照。

健太郎　そうそう。だから他にいるんだよ。彼女じゃない素敵な人が。女じゃないかもしれないけど。

裕　何だかよくわからないけど、この話や赤い糸って、なんか説得力あるよ。ふうんそうかって思う。だから長い間語り継がれたのかもしれないけどさ、哲学ってもっときちんと突き詰めるものじゃないの。何かさ、このもやもや感を何とかしてくれないと困るんだけど。

健太郎　ごめん、ごめん。俺もそう思うよ。この種のお話は妙にわかった気になるけど、確かにごまかされた気がするよね。『饗宴』は「恋とは何か」を探求する本なんだけど、君が言うように、やっぱりこれじゃ駄目ということになって、この話の後で哲学的な議論になる。たとえばさ、恋するって、自分にない美しいものを相手の中に見て、それを愛し求めることだ、というのもある。それは、肉体の場合もあるけど、精神の場合もある。

裕　それには納得。確かにひとみさんは僕にない美しいものをもっているよ。

健太郎　確かにひとみは美人だよね。でも、もっと綺麗な人は世の中にいるって。

裕　見た目なんかじゃない。人柄というか何か精神的なもので、他の誰も持っていないものが彼女にはある。

健太郎　個人的には肉体も大事だと思うけど。とにかく、裕がこれから、ひとみよりも美しいと思うひとと出会わないはずないよ。むしろ、出会う可能性のほうが高い。まだ、一九歳だろ。男性の平均寿命七五として、あと五二年あるよ。人生の四分の一もいってないよ。

裕　だめだよ。彼女しかいない。

健太郎　あーあ、恋の病っていうのかな。肉体も精神もいろいろな点でもっと美しいひとはたくさんいるってのに。

裕　慰めてくれるのはうれしいよ。だけどさ、ひとみさんが片割れだった場合はどうなるの？　僕は一生、片割れと結ばれない、一人ぼっちの人生を送るんだ。

健太郎　これは重症だな。どうしても彼女なんだ。ちょっといいにくいんだけど、片思いだったんじゃないの。つまり、裕は彼女を愛していたけど、一方通行。それって、相手が片割れであってもそうでなくても、無理だよ。

諦めた方がいい。

裕　でも、片思いって燃えるんだよね。満たされない恋っていうとかえって純粋に見返り求めない。だから思いが高まるんだよ。

健太郎　まあ、そうはいっても、いつかは現実を認めて、現実を受け入れて失恋を乗り越えるんだろうとは思うけど。でも、よく考えるとどうかな。どうして成就しないって分かっているのに、相手に恋焦がれるわけなの？
　失恋する可能性がそもそも高いのに、どうしてそこへと邁進《まいしん》するわけ。そこが問題なんだよ。でも、俺、そろそろバイトだから、今日はこれぐらいで行かなきゃ。

裕　ええっ？　ここでやめるのは酷いよ。その先を聞きたい。

健太郎　興味があるなら、来週の勉強会に来ない？　哲学書の中で、読んでみたい本を大学の授業で取り上げてもらえる場合はいいんだけど、そうじゃない場合は、なかなか一人で読めないよ。それに内容も難しいと、他の人の意見が聞きたくなるよね。だから勉強会をやって、先生のご都合が合う日には来ていただいて、最初にギリシャ語で読んで*4、その後みんなで議論するんだ。議論する時間に裕、来ない？

裕　行ってもいいの？　僕は学部違うよ？　ギリシャ語やってないし。

健太郎　関係ないよ。違う大学の学生さんや院生さんとも、普通に勉強会するよ。海外から先生が講演に来るのを聞きに行くこともあるし、「哲学」の原語はギリシャ語で「知恵を愛する営み」なんだから国境なしだ。

裕　じゃ顔出してみようかな。

健太郎　でもね、翻訳ぐらい読んでおかないと内容わからないから。図書館で借りといたほうがいいよ。古代ギリシャの哲学者プラトンの『饗宴』という本。たくさん翻訳出ているから、気に入ったものでいいと思うよ。えと来週の勉強会の場所はね、ゼミ室。最初ギリシャ語で読んでるから、四時頃来るといいんじゃない。

裕　わかった、それじゃね。

＊4　古典ギリシャ語のアッティカ方言で書かれている。日本語のギリシャ語入門書は文法書があれば読めるが、大学には古典ギリシャ語の文法の授業と、最新校訂本を読む原典講読の授業がある。

第三場　ゼミ室

――他の学生も三々五々集まり、ギリシャ語の勉強会。一時間ほどで終了直後

ひとみ　ええ？　裕くんがあとで来るの？

健太郎　この前カフェで、僕が『饗宴』をネタに「恋」について話してたら、なんだか盛り上がっちゃったんだよ。それで誘ってみたわけ。

ひとみ　他学部の学生が参加するのは、みんなは歓迎するっていわれるだろうけど。でも私、ちょっと気まずい。帰ろうかな。

健太郎　勉強会は直接話さないで顔合わせるから、そのほうがいいんじゃないの。これからずっと口をきかない、というわけにいかないし。それにさ、『饗宴』の中身って恋のことでしょう。かえっていろいろ言いたいこと言えるかもよ。

ひとみ　そうかな。

——ギリシャ語の講読が終わり、裕が姿を見せる

健太郎　先生、今日は他学部の裕くんが参加したいっていうことなので誘いました。

裕　はじめまして。経済学部の裕です。今日はよろしくお願いします。

愛子先生　私がお願いされるっていうのも変ですよね。学生さん主催の勉強会なのだから。学部の違いは気にせずに、遠慮しないで、間違っていると思ったり、重要だと思ったりしたことは、自由に発言してくださいね。議論することが一番大事ですから。どなたからでも。

健太郎　恋して求めたとしても、それは実らない、というのがペニアとポロスの子であるエロスの宿命ですよね。そうなると、恋というのは、虚しいというか意味がないというか、恋は絶対に実らない、何だか否定的な印象があるんですが、そうなんでしょうか？

裕　僕もそれを知りたいと思っていますが、ペニアとポロスの子であるエロースの宿命って何ですか？

ひとみ　『饗宴』には、恋の神エロスがどうして生まれたかが書いてあるの。美の女神アフロディーテの出産のお祝いの宴会の席に、貧乏の神ペニアが物乞いにやってきたのよ。そこに機知と策略の神ポロスがいて、神酒ネクトルで酔っ払って寝てしまう。そしてペニアはもしポロスと寝て子どもを産んだら、自分の辛い境遇から抜け出すことができるんじゃないかと思って産んだ子がエロスですよね*5。

裕　貧乏の女神が母親なんですか。子どもには豊かな善い生活をさせたいと思ったのかな。

健太郎　エロスは策略の神ポロスの子でもあるから、美しいものや善いものを何とか手に入れようと策略をめぐらせる、いわば勇敢で情熱的な狩人《かりうど》なんだ。いつも何かをたくらんでる。でも、エロスが何かを手に入れても、いつもその手をすり抜けていく。エロスは貧乏でもなければ裕福でもないんだから。つまり、いろいろ策略をめぐらして展開はあるけど、結局、うまく行ったと思ってもすぐに失うことになる、という説明があるのですが、僕はこの種の説明を信用できないんです。つまり、恋とはそういうものだから仕方がない、ということで丸め込まれるような。

裕　僕もそこを聞きたい。

愛子先生　恋は実りがないのは仕方がないことだから諦めなさいというメッセージが先にあって、それに合わせてこの物語が作られたというわけではないでしょう。むしろ、そのように健太郎さんと裕さんが読み取ったのだと思います。そのように読みたくなったのは、そのように思わせる経験が何かあったのでしょうね。

ひとみ　『饗宴』では、恋の実りが子どもとも言われてますよね。動物にも人間にも、愛するものと交わろうとする恋の闘いがあって、その結果生まれるもの、つまり子どもが「善きもの」なのです。親の方は先に死にますが、その子孫は残ります。これは有限な存在が、永遠に生きたいという願望を実現することだ、とプラトンは考えるのではないですか。

健太郎　確かに、人間だけでなくて、動物も恋に取り憑《つ》かれるという箇所があ

＊5　『饗宴』の後半は、ソクラテスは愛をめぐる哲学的な言論を展開する。そこでソクラテスは、ディオティマという女性から聞いた恋の道を語る。エロスの出生譚はそこに登場する（プラトン『饗宴』203B－204C）。

ります。四足の動物でも羽のある動物でも、交尾した後子どもを産むと、生まれた子の子育てが始まる。その時、たとえ最も弱い動物であっても、最も強い動物と闘って死ぬことも厭《いと》わない。子育てのために自分が飢えて死ぬことも厭わない。子のためならどんなことでもする。

裕　確かに動物の親子を描いた物語や映画ってありますよね。相手を求める愛とその相手の子どもを育てる愛とは、自分の命も捨ててしまうという点では、確かにつながっているように見えるけど、動物と人間はやっぱり違うように思うけど。

ひとみ　それはそうですよね。人間は知恵を使うでしょ。恋も子育ても。でも動物はそうとはいえない。でも、人間も動物も、恋をして子どもが生まれることによって、限りある存在が命をバトンタッチして永遠性、つまり不死性に近づこうとする、というところは共通なんです。

裕　つまり、個々の人間の永遠への願望が、それは無意識かもしれないけど、結果として種の保存になっている。でも、この時代、ここで描かれている恋はホモセクシャルだったんですよね。種の保存なんてできないじゃないですか。

ひとみ　『饗宴』では、教養ある壮年男性が美少年を恋するのよ。壮年男性が少年を恋しても、その若さや美しさは自分のものにならない。でも、次世代を育てるなかで、少年に「善きもの」としての知恵が生まれると考えていたのだと思う。

裕　なるほど。自分が持っていない美しいものを求めて交わり出産する。そして男女の場合は子孫が生まれ、男性同士の場合は知恵が生まれるということになるんですか。そうなると、男女の恋は子どもが生まれないと、善いものが得られないことになりますよね。僕はプラトンとは違って、別に子どもが生まれなくても何か善いものが得られるように思います。恋したことは後悔していません。

愛子先生　出産はプラトンがたとえとして使っているのであって、ギリシャ語で「美しいもの」というのは、魅力的で素晴らしいもの全般を指す語で、真理や知恵も含みます。恋についても、身体的な交わりよりも精神的な交わりの方を重視しています。いずれにしても、恋っていうのは、こちら側の努力でなんとかなるというものじゃなくて、どこかどうにもならないところがあるような気がしませんか？　恋に落ちるというのは、恋しよう、と意志を持ってもなかなか実現せずに、どこか、受け身のところがありませんか？

ひとみ　そうなんです。好きだって言われるのは嬉しいんだけど、だからって、それじゃ悪いからこちらも恋するよっていうわけにはいかないんですよね。相手がとてもいい人の場合はとてもつらいけど。気持ちがついていかない。

愛子先生　美しいものに恋い焦がれて、そのものと交わりそこで善きものが生まれるのです。「哲学」とは古典ギリシャ語では「知恵を愛する」という意味の言葉です。哲学は意見交換とか、ディベートを目的にしているのではなくて、真理に恋い焦がれるというのが根源にあり、真理という永遠の美を求める躍動的な魂の運動の中で知識が生まれるのです。恋とは、自分の利益のために相手を手に入れようと画策するプロセスではなく、相手の美しさに恋い焦がれる運動として描かれているのです。

裕　恋については、プラトンの話も、何だかすごくわかるような気がする。

＊

健太郎　僕が疑問に思う点を言います。プラトンにとって、恋の道では、一番ランクが低いのが個々の美しい肉体への愛ですよね。それから美しい魂への愛へ向かい、魂の美しさの方が、肉体の美しいよりも優れている、と思うようになるんですよね。そして、そこから、人間の行為や法律や知識とかの持つ美しさに向かい、最後に美の大海原で美そのものに出会う、これが哲学者が恋する真理なのだと思うのですが[*6]、このランク付けの基準は何ですか？　美の階梯《かいてい》っていうのは、美しいものをランク付けして、高階のものを得るために登っていくという意味だと思うんですが、そのランク付けって、独断のように思えます。美しい永遠の存在への愛が美しい身体への愛よりどうして優れているといえるのですか？

ひとみ　『饗宴』では、愛と欲求を産み出す原因として、永遠に不死であろうと

＊6　ディオティマは、恋の道は美の階梯を上昇することで、愛の営みの究極は美のイデアとの遭遇だという（プラトン『饗宴』209E − 212A）。

する願望がある、というところが重要だと思います。滅びや死を恐れるのは、永遠に続かない終わりを嫌うとも言えますよね。当時魂は不死だと信じられていましたから、肉体よりも魂の方が、永遠に近いのだと思います。永遠にあるものを恋するのです。

健太郎　徳ある人の名声も産み出されたもの、なんですね。自分が作った法律が死後も施行されているとか、死をも恐れない勇気ある善業により、名が残る、偉業が語り継がれるとか。子を産んだり、知識や法律を産んだりするのは、死後も永遠に残る、永遠に近づくという願望なんです。そういう意味では、ランクや次元が低いものは、刹那《せつな》的なもの、すぐ滅びるものであって、永続性のあるものに価値を置いているのだと思います。でも恋ってそもそも刹那的だから美しいのでは？

ひとみ　永遠に不死であろうという潜在的な願望は人間にあると思うのですが、徳ある人間と思われたいとか、名誉を喜ぶというのも、それと同じ願望だというのですね。そういうのは、潜在的な人間の願望ではないでしょうか。

裕　何かとても大きな話になってますよね。言われてみればそうですが、何だか別の話のように思えて、すみません、実感がわかないです。本当にそうなんでしょうか？

＊

愛子先生　別の視点から考えるのもいいと思います。恋をすると人は変わるといいますよね。裕さん自身の身体《からだ》は常に変化しています。髪も、肉も骨も血も、その構成要素が常に変化していますよね。入学時の学生証写真の姿と、二年三年になったときとはずいぶん違います。髪型が変わるだけで別人のように見える場合もありますよね。細胞レベルではもっと変化が激しいでしょう。

裕　そうですか？　僕が多分生まれてから今日に至るまで、生物として一個の個体であることは、自分は認識していなくても、親とか友達とかがそう認識していて、生まれたところから今に至るまでの軌跡を辿ってみれば一本道、つまり同一人物だというのは証明できるんじゃないですか？

健太郎　それでは弱いと思う。たとえばトイレの中でクローンと入れ替わっても誰もわからない。お母さんだって、クローンだったら騙されるだろうし。

愛子先生　それはそうなんです。わたしたちはどうしても、感覚できるのは特定の時間と特定の場所に限定されます。ですから、軌跡というところで完全に辿れるのは神様のような超越的な存在でないと、時空で限定された生を営む人間には難しいでしょう。

ひとみ　『饗宴』では、身体だけでなく魂の方も、つまり欲求、快楽、苦痛、不安、習慣も変化しているとありますよね*7。恋をして人が変わったという場合には、身体ではなく、魂の方が変化するのでしょうか。つまり持続的な存在の魂という部分の性質が変化する、ということなんですよね。

裕　言われてみれば、僕は身体も心も日々変化しています。だからといって、僕が別の人になる、というようには他の人は考えないで、同じ人間だと捉えようとしているというのですか。でも待てよ、逆に誰一人、身体も心も変わらない人はいない、ということをみんなが認めているんじゃないですか？

健太郎 僕も同感です。つまり、人間もこの世界も刻々と変化していて留まるところがない、万物流転で諸行無常だということは、万人が認めるところですよ。持続的な存在だと捉えていてもそれは実は幻想で、同一で変わらない「私」なんて存在しない、といわれたらどうするんですか？

愛子先生 まさにそこが問題です。たとえば裕くんが恋をして変わったと周囲が思ったとします。かつての裕君が恋をして今の裕くんに変化している、ということを認めた場合、裕くんの変化、として捉えられている限り、変化の基にある裕くんは同じだという前提がありますよね。そうでなければ「変化」とは言いません。

健太郎 それなら、「変化」というのではなくて、別の人が生成した、という言い方が正確ではないですか？　「変化」とか「同じ人」という方がそもそも不正確な言い方です。厳密な言い方をすれば、「変化」も「同一人物」も存在しない。

＊7　プラトン『饗宴』207E を参照。このような生成変化による万物流転の思想は古代ギリシャからあり、プラトンは『クラテュロス』『テアイテトス』などでその難点を指摘している。『テアイテトス』については、本書 119 頁および注 10 を参照。

ひとみ　それはそれでわかりますが、それで済む話なのでしょうか？　テキストでは、私たちの学習も、忘れている知識を回復して同一に保つ努力だといわれています*8。習熟暗記は、私たちは学校で小さい頃からやっていますが、それは私たちの中で、知識を同一のものとして保とうとする営みとみていいのではないでしょうか。

健太郎　いや、知識も変わるよ。ニュートン力学とアインシュタインの相対性理論は違う。ニュートン力学を習熟暗記したって意味がない。物理学の知識は日進月歩なのだから、知識が同一のものというのは、僕たちの思い込みだよ。

裕　経済はまさにそうで、将来の予想がなかなか立ちにくいから、同一の知識を確立するのは難しいです。だから反復学習しても役に立たないですよ。それに、経済に関して言えば、法律は国によって違うから、その意味でも同一じゃないし、それも変わる。先生が言われるように変化の基体となる「国」だって、国境も変われば人も変わるんじゃないかな。そもそも美なんて、階梯なんて本当はなくて、人それぞれの感じ方によって変わるんじゃないですか？

愛子先生　裕さん、まさにそこが古代ギリシャ以来議論になっているのです。経済は「思惑」で動く、ということはよく言われますよね。人間の多くの人たちが善いと思っていることが社会の価値基準となっている、という考え方は古代からあるのです。だから直接的な感覚だけでなく、正義についても客観的な尺度はなく、それぞれの国の人たちの「思いなし」[*9]が尺度になっている、というのです[*10]。しかしだからといって、社会には法律は必要がないということにはならない。それぞれの国はできるだけ善い法律を作ろうとするし、将来難点が指摘されて変更されなくてもいい、できるだけ持続性があるものを求めるでしょう？

健太郎　待って下さい。その尺度は、国というよりも、個人ですよね。つまり、思いなすのが個人ですし、感覚するのも個人ですし、国というのも個人の集まりです。すべては個人に、そして個人の感覚的な判断に解消され、その都度その都度感覚されるものは、常に流動して同一性のない、その時だけの刹那的な経験に過ぎない、ということになりませんか。

＊8　プラトン『饗宴』208A－B を参照。

＊9　ギリシャ語の「ドクサ」を指している。それぞれの人が思っていることで、専門知に裏付けられていないこと。民主主義にしたがう決定や社会から与えられる名誉もドクサに左右されている。

＊10　プロタゴラスが「人間は万物の尺度である」と主張したのは、このような意味だとプラトンは解し、それを反駁している。プロタゴラスの説については、『テアイテトス』151E－152B, 172A－B を、それに対する反駁については、169D－171E および 177C－179B を参照。

ひとみ　そうなると、私たちの言語使用が不可能になりませんか。つまり、裕さんがここに座っている、という場合、裕さんの持続的な自己同一性を私たちが承認していないと、「裕」と言っても誰を指しているのかわからないわけです。でもその語が指す対象が一つの持続的なものということが成り立たないと、その対象について何かを述べることができなくなりませんか？

裕　それじゃ、厳密に言うと、僕が誰かに恋をして失恋した、ということも言えないことになる。つまり、恋をした時点での「僕」と失恋した時点での「僕」は別の人になる。恋する相手もそうだ。同じ人を愛するからこそ、失恋するのに、相手が別の人だったら、失恋の苦しみも幻想になってしまう。そんなばかな。失恋であってもなくても僕は一人の女性を愛しつづけている。

＊

愛子先生　たしかに健太郎さんが言うように、私たちが感覚で得られる情報を総合すると、そのように同一性が保証される対象というのは存在しないかもしれない、ということになります。そうであれば、ひとみさんが言うように、何か一つのものについて何かを述べるということが、原理的にはできなくなるのです。つまり「裕さんが一人の女性を愛し続けている」とは言えないはずなのです。しかし私たちは、そのような会話をして生活しているわけです。問題は、私たちが日々感覚している現象を基盤にして考えるのか、あるいはその現象を私たちが言語で捉えて生活している現実の方を基盤に考えるかなのです。

健太郎　いや、実際の変化に言葉がついていってない。でも変化についていくと、僕たちの言葉がうまく使えないという具体的な支障があるので、仕方なく僕たちの言語を不正確に使用していて、恋や愛を語ってそれを正確な使用と誤解している、と思います。

愛子先生　それでも、裕さんが同一人物であることを証言してくれるのが、裕さんが生きる社会の構成員ですから、人間は社会の構成員から個別的な存在であるという承認を受けていて、それがまさにその人の固有名に象徴されるのですよね。それは私たちの、いわば共通の「思いなし」に支えられているのです。私が問題にしたいのは、実際に「多様に変化する現象」を「同一のひとつのもの」として「言語」で捉えようとする、人間の思いなしの方なのです。それが、裕くんが「一人の女性」を「愛する人」として捉える思考の原型だと思うのです。

ひとみ　確かに、完璧な同一性や永続性というのは、この世にはないと思います。法律が制定されている場合には、個々人の正義に関する思考を超えた客観的なルールとして成り立っているのです。法律が遵守されていれば、その秩序は保たれるわけですよね。知識についても同じで、ある発見や政治的な転換で大きく変わることはあっても、日々変わるわけではない。私たちの思惑で政治家が選ばれて一定期間同一の法律が施行されているわけです。そして法律が改定される場合、それは「より永続性があるよりよいもの」への変化が目指されているように思います。

健太郎　知識や真理は永遠普遍のものだと考えられていても、それがどこにあるかっていうと現象の中にはないというんですね。知的探求の中で発見されたり、獲得されたりするものだから、僕たちの精神の中にあるとも言えるが、そこにはつねに現象を言葉で捉えきれないという意味での不正確さが含まれていて、それを正確に保つために僕たちの知的な営みがある、ということなんですね。

愛子先生　「イデア論」は変転する世界と永遠普遍のイデアを対比させて二つの世界として説明されることもありますが、実際はみなさんと考えたようなことと密接に関わっているのです。私たちの身体も心も変化していますが、それを「同一人物」と捉えるだけでなく、「勇気ある人」「公明正大な人」という徳ある人へと向けようと教育しますよね。また、私たちが持っている知識は不完全なものでも、普遍の永遠の真理へと近づけようと研究しますよね。このような知恵を求める営み全体が哲学だと考えられていたわけです。

ひとみ　「恋とは何か」という書物の最後にイデアが出てくるというのは、哲学が永遠に存在するものへの恋だ、ということが言いたいのですか?

愛子先生　そういう言い方もできると思いますが、逆に、人を恋したり、失恋したり、学習したり、そういうすべてのことが、広い意味で永遠普遍のものを求める知恵への愛（哲学）の運動に根ざしている、とも言えると思います。真理を求める、知恵を愛する運動をプラトンは恋になぞらえているのですから。真理も知恵も人間にとっては魅力的な美しいものです、それを手に入れられれば、永続性のある真なるものが自分のものになるのですが、それはなかなか手に入らない。それでも、求め続けることをやめられない。この躍動的な運動です。プラトンのこのような考えについて、皆さんはどう思いますか？

ひとみ　恋については、相手の魅力に惹かれ取り憑かれたようになるし、自分が得をするかどうかなんて考えないどころか、命を捨ててもいいと思うこともあるのだから、相手を愛し続ける躍動的な運動だといえるでしょう。この運動が持続するためには、相手が魅力的な存在であり続けなければならないのですが、それは恋する人がひたすらそう信じているからなのですね。

健太郎　いや、僕はまだ納得できない。魅力的で美しい存在なんて、本当はない。つまり幻想ですよ。その幻想が崩れるときに恋から醒めるのです。だから愛することには持続性がない。幻想の中で頂点に達したら、あとは下降なんです。

裕　幻想に浸っているわけじゃないと思いますよ。現実も見ている。相手を永遠に美しい人とか、完全無欠の存在とか思ってるわけじゃないですよ。人間だから欠点も当然あるし、知らなかった面もある。それも含めて僕は一人の女性を丸ごと愛しているのだと思います。プラトンも言っていた通り、身体も精神も日々変化するけど、それもわかっていて、僕は「一人の人間として」丸ごと愛しているのです。そしてその人が、自分が愛し続けることで善い人生を歩めたらいいな、と思いますし、一緒に成長したいと思います。これが善きものを生むことなのかもしれない。何だか、プラトンの『饗宴』を読んで、少しすっきりした気がする。

健太郎　「成長する」って簡単に言うけど、裕の身体も魂も変転したとしても、変わらない自己が存在するのか、という問題があるよ。

愛子先生　そうですね。ここで議論をやめるのはとても残念ですが、そろそろ時間です。実は、みなさんもエロスに捕らえられてしまっていて、今日の議論の中で、真理を求める知への愛を実践していると言えるでしょう。残された問題については、また次回議論しましょう。

著者紹介

村田純一（むらた・じゅんいち）

◆**専攻**　現象学・科学哲学

◆**主要著作**　『色彩の哲学』岩波書店、二〇〇二年／『「わたし」を探険する』岩波書店、二〇〇七年／『技術の哲学』岩波書店、二〇〇九年

◆**おすすめの一冊**

廣松渉『**新哲学入門**』岩波書店、一九八八年

開いてみると難しい漢字が並んでいて、読む気を失うかもしれないが、ゆっくりでも読み始めれば、決して理解しにくいものではない（はず）。大学二年生の演習で用いたところ、興味を持った学生三人もが卒論のテーマに選んだほどである。

金井淑子（かない・よしこ）

◆**専攻**　社会倫理学、フェミニズムの哲学

◆**主要著作**　『倫理学とフェミニズム―ジェンダー・身体・他者をめぐるジレンマ』ナカニシヤ出版、二〇一三年／『依存と自立の倫理―「女／母《わたし》の身体性から」』ナカニシヤ出版、二〇一一年／『〈ケアの思想〉の錨を―3・11、ポスト・フクシマ〈核災社会〉へ』ナカニシヤ出版、二〇一四年

◆**おすすめの一冊**

姜信子×ザーラ・イマーエワ『**旅する対話　ディアスポラ・戦争・再生**』春風社、二〇一三年

「問うこと、生きることをあきらめない」在日三世の作家と、亡命チェチェン人ジャーナリストが、朝鮮民族とチェチェン人が追放された荒野を旅し、故郷喪失者《ディアスポラ》のまなざしで世界を見つめ、語り合う。不穏な空気を濃くする今をつらぬく〈予感〉に満ちた対話集！（帯カバーより）。哲学することの現場は、この二人の女性のような、国家

や民族の壁に阻まれ「境界」に生きざるをえない存在のその身体をかいくぐった言葉にこそあるという意味で、書架を見渡しながら目に入ってきたこの書を挙げておきたい。

竹内聖一（たけうち・せいいち）

◆専攻　分析哲学、特に行為論

◆主要著作　『ケアの始まる場所──哲学・倫理学・社会学・教育学からの11章』（金井淑子との共著）ナカニシヤ出版、二〇一五年

◆おすすめの一冊

野矢茂樹『**哲学の謎**』講談社現代新書、一九九六年

二人の人物の対話形式で書かれた哲学の本です。「他人と自分は同じ色の世界を見ているのか」「過去は本当に存在したのか」「なぜ世界中の犬を「犬」で表せるのか」といった疑問を考えたことがある人、考えたことはなくても今目にして興味を惹かれた人には、ぜひ読んでみてもらいたいと思います。

田坂さつき（たさか・さつき）

◆専攻　西洋古代哲学、倫理学

◆主要著作　『『テアイテトス』研究──対象認知における「ことば」と「思いなし」の構造』知泉書館、二〇〇七年／（共著）『高等学校　現代倫理──現代の社会を動かす思想』（文部科学省検定教科書）清水書院、二〇一三年／（共著）『『ポリテイア』におけるイデア論の始まり』『理想』（六八九）三六－四六、二〇一一年

◆おすすめの一冊

V・E・フランクル（山田邦男・松田美佳訳）『**それでも人生にイエスと言う**』春秋社、一九九三年

フランクルはアウシュビッツ収容所で人間の残酷さや弱さを直視しつつも、過酷な状況でも愛と希望とを見出す。彼はその経験を経て、尊厳ある生き方は何か、苦悩に意義があるのかなど、哲学的な問いと向き合っている。

哲学《てつがく》 はじめの一歩《いっぽ》 3 心《こころ》

二〇一五年八月二四日 初版発行
二〇一六年三月二四日 二刷発行

編者 立正大学文学部哲学科《りっしょうだいがくぶんがくぶてつがくか》

発行者 三浦衛
発行所 春風社 *Shumpusha Publishing Co.,Ltd.*
横浜市西区紅葉ヶ丘五三 横浜市教育会館三階
〈電話〉〇四五・二六一・三一六八 〈FAX〉〇四五・二六一・三一六九
〈振替〉〇〇二〇〇・一・三七五二四
http://www.shumpu.com ✉ info@shumpu.com

装丁・レイアウト 矢萩多聞
装画 鈴木千佳子
印刷・製本 シナノ書籍印刷株式会社

ISBN 978-4-86110-459-6 C0010 ¥3241E（四冊揃）

『哲学　はじめの一歩』刊行のことば

17から20歳になれば、思春期の背伸びの後に、突っ張りやおしゃれだけでなく、知的にも背伸びをしてみよう。それも、小難しい言葉や観念に酔うだけで実際の思考は空回り、というのではなく、手応えある内容を生活の中に持ち帰るために。これまで当たり前だと思っていたさまざまな価値観と距離を取り、生きることの意味さえ含めて問いなおしてみよう。このような試みは若いうちに当然に生まれるものであるが、これをどのような深さで遂行するかによって後《のち》の日々の生活の足取りは変わってくるはずだ。

どうして人のこんなにもさまざまな生活があり、異なる社会があり、違った考え方、価値観をもつ人々がいるのか。夥《おびただ》しい情報が行き交う現代は、そのことを思い知らされる時代である。しかし多様な様相の底で、人の生を織り成す幾筋かの共通で基本的な織り糸はある。それらを探り、それらが関係しあう様《さま》に光を当てよう。

生きてゆくと、否応なくさまざまな問題、困難が降りかかる。そんなときでも自分は立ち向かうことができるはずだ、という勁《つよ》い確信を得るために、ものごとを解きほぐし、表面に現れた諸相を生成させている理屈を見つけてゆく、そういう考え方を身につけよう。哲学に親しむとは、自分の芯となる思索力を訓練することである。

『哲学　はじめの一歩』という、4つの冊子、16の論稿から成る本書のテーマは、いわばまっすぐな選択というか、人が「己が生きること」を考えるときの基本となることである。

ぜひ若者たちに手にとってもらいたい。もう「若者」ではない方でも、少し立ち止まり、人生とはどんなものであるかをあらためて考えてみたいときに、その材料やヒントとして読んでいただきたい。どの論稿から読みはじめてもかまわない構成になっている。また、高校の「倫理」を担当される先生方、大学で「哲学教養科目」「哲学演習」を担当されている先生方には、教材として利用していただければと願っている。――生きることを「よし」と言おうではないか。